“瘦肉精”案例评析

农业农村部畜牧兽医局
全　国　畜　牧　总　站
农业农村部管理干部学院
编著

法律出版社
LAW PRESS·CHINA
北京

图书在版编目（CIP）数据

"瘦肉精"案例评析 / 农业农村部畜牧兽医局，全国畜牧总站，农业农村部管理干部学院编著. -- 北京：法律出版社，2024
ISBN 978-7-5197-8590-1

Ⅰ. ①瘦… Ⅱ. ①农… ②全… ③农… Ⅲ. ①饲料添加剂－管理－案例－中国 Ⅳ. ①D922.45

中国国家版本馆 CIP 数据核字（2023）第 228487 号

"瘦肉精"案例评析
"SHOUROUJING" ANLI PINGXI

农业农村部畜牧兽医局
全国畜牧总站　编著
农业农村部管理干部学院

策划编辑 沈小英
责任编辑 刘晓萌
装帧设计 李 瞻

出版发行 法律出版社
编辑统筹 法治与经济出版分社
责任校对 王 丰 李景美
责任印制 吕亚莉
经　　销 新华书店

开本 A5
印张 7　字数 176 千
版本 2024 年 1 月第 1 版
印次 2024 年 1 月第 1 次印刷
印刷 天津嘉恒印务有限公司

地址：北京市丰台区莲花池西里 7 号（100073）
网址：www.lawpress.com.cn
投稿邮箱：info@lawpress.com.cn
举报盗版邮箱：jbwq@lawpress.com.cn

销售电话：010-83938349
客服电话：010-83938350
咨询电话：010-63939796

书号：ISBN 978-7-5197-8590-1　定价：78.00 元
凡购买本社图书，如有印装错误，我社负责退换。电话：010-83938349

编 委 会

主任委员：王宗礼　魏宏阳

副主任委员：辛国昌　杨劲松　朱守银

委　　员：黄庆生　胡广东　杨东霞　李燕松
单丽燕　关　龙

主　　编：黄庆生　胡广东　杨东霞

副 主 编：李燕松　单丽燕　关　龙　田　凤

参编人员：（按姓氏笔画排序）
丁浩轩　王玉亭　卢丽枝　田　凤
刘　怡　刘　威　刘　科　关　龙
李大鹏　李永晋　李润娴　李燕松
杨东霞　杨　阳　余冰洁　张　帅
张　娜　陈睿洋　单丽燕　赵梦园
郝静雯　胡广东　胡翊坤　郭梦凝
黄庆生　焦京琳　暴紫维

审 稿 人：朱洪范　卞荣星　李祥明

前　　言

食品安全关系人民群众身体健康和生命安全。长期以来，生产、销售、使用“瘦肉精”(指能够抑制动物脂肪的合成，促进肌肉生长的物质，主要有克伦特罗、莱克多巴胺、沙丁胺醇、苯乙醇胺 A、氯丙那林、特布他林等禁用物质)的违法犯罪屡禁不止。其背后既有利益驱动的原因，也有违法添加者法治意识淡薄、存在侥幸心理的原因。尽管农业农村部门和司法机关一直密切合作，严厉打击，对情节严重的犯罪分子给予刑事处罚，但一些生产经营主体对该行为的危害程度和违法性质认识不深，违法犯罪问题时有发生。为教育和警示饲料畜牧行业从业者守法经营，同时督促行政主管部门认真履行畜禽产品的监督管理职责，帮助和指导畜牧兽医行政执法人员正确理解和执行相关法律和法规、提高执法水平和实际办案能力，农业农村部畜牧兽医局、全国畜牧总站、农业农村部管理干部学院联合出版本书。

本书从中国裁判文书网等官方渠道收集 2002～2021 年涉及“瘦肉精”等禁用物质的 400 多个案例，从中遴选了 36 个代表性案例，涵盖了生产、销售、使用“瘦肉精”等禁用物质以及生产、销售有毒、有害食品等违法情形。同时，本书还收录了国家机关工作人员滥用职权、玩忽职守、徇私舞弊等与“瘦肉精”有关的案件。此外，本书在附录中收录了汇编案例适用的法律法规、司法解释等内容，包括最高人民法院、最高人民检察院于2021年12月联合发布的《关于办理危害食品安全刑事案件适用法律若干问题的解释》(法释〔2021〕24号)。

本书的出版,得到了最高人民法院刑一庭相关同志的大力支持,谨致谢忱!希望本书能够对从事饲料畜牧行业的相关主体提供有益借鉴。

本书编写组

2023年5月

目　录

受贿罪、食品监管渎职罪

生产、销售伪劣产品罪

生产、销售有毒、有害食品罪

以危险方法危害公共安全罪

刘某、奚某某等人生产、销售禁用物质盐酸克仑特罗案

裁判要旨

明知盐酸克仑特罗是国家法律禁止在饲料和动物饮用水中使用的药品，且使用盐酸克仑特罗饲养的生猪流入市场会对消费者身体健康、生命安全造成严重危害，研制、生产、销售盐酸克仑特罗用于生猪养殖的行为，构成以危险方法危害公共安全罪。①

案件事实与裁判结果

人民法院一审查明：被告人刘某、奚某某等人明知盐酸克仑特罗（“瘦肉精”的一种）是国家法律禁止在饲料和动物饮用水中使用的药

---

① 也有观点认为，应构成非法经营罪或生产、销售有毒、有害食品罪。根据最高人民法院、最高人民检察院《关于办理危害食品安全刑事案件适用法律若干问题的解释》（法释〔2021〕24 号）、第 16 条第 1 款“以提供给他人生产、销售食品为目的，违反国家规定，生产、销售国家禁止用于食品生产、销售的非食品原料，情节严重的，依照刑法第二百二十五条的规定以非法经营罪定罪处罚”的规定，该类行为统一以非法经营罪定罪处罚。本书以“以危险方法危害公共安全罪”展开论述。

品,且使用盐酸克仑特罗饲养的生猪流入市场会对消费者身体健康、生命安全造成危害。为牟取暴利,2007 年年初,刘某与奚某某约定共同投资,研制、生产、销售盐酸克仑特罗用于生猪饲养,其中刘某负责研制、生产,奚某某负责销售。被告人肖某、陈某某明知盐酸克仑特罗对人体有害,仍将刘某生产的盐酸克仑特罗出售给收猪经纪人试用,并向刘某反馈试用效果良好。此后,刘某等人开始大量生产并销售盐酸克仑特罗给生猪养殖户。刘某甲明知盐酸克仑特罗的危害性,仍协助刘某从事原料采购和盐酸克仑特罗的生产、销售活动。截至 2011 年 3 月,刘某、奚某某共计生产盐酸克仑特罗(原粉)2700 余千克,非法所得约 250 万元,并销售至河南、山东等八省市的生猪养殖户,给广大消费者身体健康及生命安全造成严重危害,使公私财产遭受特别重大损失(焦作市辖区生猪养殖户损失 1.61 亿元)。

人民法院依照《中华人民共和国刑法》(以下简称《刑法》)第 25 条第 1 款、第 26 条第 1 款和第 4 款、第 27 条、第 55 条第 1 款、第 56 条第 1 款、第 57 条第 1 款、第 68 条第 1 款、第 64 条、第 115 条第 1 款及最高人民法院《关于处理自首和立功具体应用法律若干问题的解释》第 5 条之规定,认定上述被告人均构成以危险方法危害公共安全罪,依法判处被告人刘某死刑,缓期两年执行,剥夺政治权利终身;奚某某无期徒刑,剥夺政治权利终身;肖某有期徒刑 15 年,剥夺政治权利 5 年;陈某某有期徒刑 14 年,剥夺政治权利 3 年;刘某甲有期徒刑 9 年。

一审宣判后,刘某等 5 名被告人均不服判决,依法提出上诉。二审法院驳回上诉,维持原判。

评 析

以危险方法危害公共安全罪,是指故意使用放火、决水、爆炸、投放危险物质以外的危险方法危害公共安全的行为。本罪所侵犯的客体是公共安全,即不特定或者多数人的生命、健康或者重大公私财产的安全。犯罪客观方面表现为以放火、决水、爆炸、投放危险物质以外的危险方法危害公共安全的行为。一般来说,以危险方法危害公共安全罪中的"其他危险方法"包括两层含义:一是指放火、决水、爆炸、投放危险物质以外的危险方法;二是指与放火、决水、爆炸、投放危险物质的危险性相当的、足以危害公共安全的方法,即这种方法一经实施就可能造成不特定或者多数人的伤亡或者重大公私财产的损失。犯罪主体为一般主体,即年满16周岁的自然人,不包括单位。犯罪主观方面是故意,包括直接故意和间接故意。

在本案中,从客观方面来看,刘某等人实施了与放火、决水、爆炸、投放危险物质等危险性相当的其他危险方法危害公共安全的行为,明知盐酸克仑特罗是国家法律禁止在饲料和动物饮用水中使用的药品,且使用盐酸克仑特罗饲养的生猪流入市场会对消费者的身体健康、生命安全造成危害,仍然研制、生产、销售用于生猪养殖的盐酸克仑特罗,范围辐射我国8个省市的广大地区,对不特定多数人的生命健康造成的危害不亚于使用放火、决水、爆炸、投放危险物质等《刑法》明文列举的方法。其行为直接导致700多头生猪被扑杀毁灭,造成直接损失110多万元,造成焦作市辖区生猪养殖户各类损失1.61亿元。从主体方面来看,刘某等人均为年满16周岁的自然人,符合本罪的主体要件。从主观方面来看,被告人刘某等人明知使用盐酸克仑特罗饲养的生猪食用后对人体健康有害,为牟取暴利,置社会公众的生命、健康和重大公私财产安全于不顾,仍研制、生产、销售用于生猪饲养的盐酸克仑特罗,具有危害公共安全的间接故意。根据本案的犯罪事实、性质、情节及对社会的危害程度,5 名被告人的行为均构成以危险方法危害公共安全罪,且系共同犯罪。其中,刘某、奚某某、肖某、陈某某系主犯,刘某甲系从犯且有重大立功表现,依法应当减轻处罚。因此,人民法院依法对被告人分别适用从死刑缓期 2 年执行到有期徒刑 9 年的轻重不同的刑罚,符合罪责刑相适应的基本原则。

非法经营罪

林某某在饲料中添加禁用物质“瘦肉精”饲喂生猪引发河源“11·7”食物中毒案

裁判要旨

单位明知自己的非法经营行为会发生危害国家经营管理秩序的结果，仍然实施非法经营行为的，单位构成非法经营罪，依法追究单位及其直接负责的主管人员和其他直接责任人员的刑事责任。

案件事实与裁判结果

人民法院经审理查明：2001 年 3 月至 9 月，中洋公司在江苏省金坛市郭某、魏某处购得 F89 原素（成分为盐酸克仑特罗，俗称“瘦肉精”）21 千克，然后生产肉猪复合预混合饲料 20 吨，其中销售到广东省河源市 8 吨、东莞市 3 吨。同年 11 月 6 日养猪户张某将喂食了该饲料的生猪 28 头销售给河源市肉联厂。第二天，该厂将生猪屠宰销售后，导致河源市市民及学生共 484 人食后中毒而住院。

2002 年 4 月 28 日，河源市源城区人民法院一审以非法经营罪判处中洋公司罚金 15 万元，以非法经营罪判处中洋公司负责人林某某有期徒刑4年,并处罚金10万元。一审宣判后,中洋公司及其负责人林某某不服,依法提出上诉。河源市中级人民法院二审驳回上诉,维持原判。

评 析

《刑法》第225条规定了非法经营罪,即“违反国家规定,有下列非法经营行为之一,扰乱市场秩序,情节严重的,处五年以下有期徒刑或者拘役,并处或者单处违法所得一倍以上五倍以下罚金;情节特别严重的,处五年以上有期徒刑,并处违法所得一倍以上五倍以下罚金或者没收财产:(一)未经许可经营法律、行政法规规定的专营、专卖物品或者其他限制买卖的物品的;(二)买卖进出口许可证、进出口原产地证明以及其他法律、行政法规规定的经营许可证或者批准文件的;(三)未经国家有关主管部门批准非法经营证券、期货、保险业务的,或者非法从事资金支付结算业务的;(四)其他严重扰乱市场秩序的非法经营行为”。《刑法》第231条规定了对单位构成本罪的定罪处罚问题,即“单位犯本节第二百二十一条至第二百三十条规定之罪的,对单位判处罚金,并对其直接负责的主管人员和其他直接责任人员,依照本节各该条的规定处罚”。

本罪所侵犯的客体包括国家许可经营物品或业务以及许可证或批准文件管理的市场秩序。客观方面表现为违反国家规定,从事非法经营活动,扰乱市场秩序,情节严重的行为。对于生产、销售盐酸克仑特罗的行为,最高人民法院、最高人民检察院2002年《关于办理非法生产、销售、使用禁止在饲料和动物饮用水中使用的药品等刑事案件具体应用法律若干问题的解释》第2条规定:“在生产、销售的饲料中添加盐酸克仑特罗等禁止在饲料和动物饮用水中使用的药品,或者销售明知是添加有该类药品的饲料,情节严重的,依照刑法第二百二十五条第(四)项的规定,以非法经营罪追究刑事责任。”最高人民法院、最高人民检察院 2021 年《关于办理危害食品安全刑事案件适用法律若干问题的解释》第 16 条规定:“以提供给他人生产、销售食品为目的,违反国家规定,生产、销售国家禁止用于食品生产、销售的非食品原料,情节严重的,依照刑法第二百二十五条的规定以非法经营罪定罪处罚。以提供给他人生产、销售食用农产品为目的,违反国家规定,生产、销售国家禁用农药、食品动物中禁止使用的药品及其他化合物等有毒、有害的非食品原料,或者生产、销售添加上述有毒、有害的非食品原料的农药、兽药、饲料、饲料添加剂、饲料原料,情节严重的,依照前款的规定定罪处罚。”此外,最高人民法院、最高人民检察院 2001 年《关于办理生产、销售伪劣商品刑事案件具体应用法律若干问题的解释》第 10 条规定:“实施生产、销售伪劣商品犯罪,同时构成侵犯知识产权、非法经营等其他犯罪的,依照处罚较重的规定定罪处罚。”对实施此类犯罪采用处罚较重的罪名定罪量刑,体现了刑法对此类犯罪从严打击的政策精神。犯罪主体为一般主体,包括年满 16 周岁的自然人和单位。单位犯本罪的,对单位判处罚金,并对其直接负责的主管人员和其他直接责任人员依照自然人犯本罪的刑罚处罚。本罪的主观方面表现为故意,即行为人明知自己的非法经营行为会发生危害国家经营管理秩序的结果,仍希望或放任这种结果的发生。

根据上述法律和司法解释,被告单位中洋公司购买盐酸克仑特罗并非法生产出一种掺杂有盐酸克仑特罗成分的 4% 猪用复合预混合饲料,其负责人林某某随后将该饲料卖到河源市、东莞市,从中分别非法获取 4 万元和 1.35 万元。其主观上具有销售添加盐酸克仑特罗饲料的故意,客观上实施了销售该饲料的行为,已构成非法经营罪。被告人林某某作为该单位的负责人,是该单位非法经营行为的决策者和实施者,属于该单位犯罪中“直接负责的主管人员”,也应按照非法经营罪定罪处罚。

还需注意的是,本案中被告单位的行为同时触犯了生产、销售伪劣产品罪与非法经营罪,即实施一个行为同时触犯了不同罪名,属于想象竞合犯。想象竞合犯有两个主要特征:(1)行为人只实施了一个犯罪行为;(2)该行为同时触犯了数个罪名。想象竞合犯是实质上的一罪,一般采取“从一重罪处罚”的原则。在本案中,对被告单位所触犯的两个罪名的量刑幅度进行比较,在主刑为有期徒刑的量刑幅度内,非法经营罪最高刑为 5 年,相对于该档次的生产、销售伪劣产品罪 2 年的最高刑属于“处罚较重”,因此人民法院依法以非法经营罪判处被告单位中洋公司罚金 15 万元,判处被告人林某某有期徒刑 4 年,并处罚金 10 万元,符合想象竞合犯的处理原则。

帮助毁灭证据罪，生产有毒、有害食品罪

吴某某购买禁用物质“瘦肉精”饲喂肉牛及证据被毁灭案

裁判要旨

1. 明知“瘦肉精”是有毒、有害的非食品原料，而故意掺入饲料喂养用于销售的动物，构成生产有毒、有害食品罪。

2. 明知查扣的物品系案件的重要物证，仍然帮助当事人销毁该证据的，构成帮助毁灭证据罪。

案件事实与裁判结果

一、生产有毒、有害食品罪的案件事实与裁判结果

人民法院经审理查明：2015 年 9 月初，被告人吴某某从新疆维吾尔自治区伊宁县购得一包盐酸克仑特罗（“瘦肉精”的一种），添加到自家养殖场的饲料中，后将饲料喂养给自己饲养的牛。经鉴定，食用掺有“瘦肉精”饲料的牛共计 73 头，价值人民币 31.1 万元。

人民法院依照《刑法》第 52 条、第 61 条、第 67 条第 1 款、第 144

条,最高人民法院、最高人民检察院 2013 年《关于办理危害食品安全刑事案件适用法律若干问题的解释》第 6 条第 1 项、第 9 条第 2 款、第 17 条,判决如下:被告人吴某某犯生产有毒、有害食品罪,判处有期徒刑 5 年,并处罚金人民币 65 万元。

二、帮助毁灭证据罪的案件事实与裁判结果

人民法院经审理查明:被告人马某某、曹某某等 6 人明知查扣的饲料系案件的物证,在被告人吴某某的指挥下帮助销毁证据,意图阻碍侦查的顺利进行。

人民法院依照《刑法》第 27 条、第 61 条、第 72 条第 1 款、第 73 条第 2 款和第 3 款、第 307 条第 2 款,《中华人民共和国刑事诉讼法》(以下简称《刑事诉讼法》)第 195 条第 1 项,认定被告人马某某等 6 人均构成帮助毁灭证据罪,依法判处马某某有期徒刑 7 个月,其余 5 名被告人有期徒刑 6 个月,缓刑 1 年。

评 析

一、生产有毒、有害食品罪评析

《刑法》第 144 条规定了生产、销售有毒、有害食品罪,即“在生产、销售的食品中掺入有毒、有害的非食品原料的,或者销售明知掺有有毒、有害的非食品原料的食品的,处五年以下有期徒刑,并处罚金;对人体健康造成严重危害或者有其他严重情节的,处五年以上十年以下有期徒刑,并处罚金;致人死亡或者有其他特别严重情节的,依照本

法第一百四十一条的规定处罚”。

本罪所侵犯的客体包括国家食品安全监督管理制度和不特定多数人的身体健康、生命安全。犯罪主体为一般主体,包括年满16周岁的自然人和单位。本罪主观方面表现为故意。行为人实施本罪一般具有牟利目的,不过牟利目的不是本罪的构成要件。客观方面表现为在生产、销售的食品中掺入有毒、有害的非食品原料的,或者销售明知掺有有毒、有害的非食品原料的食品的行为。本罪是行为犯,对于行为犯,只要实施了相应行为,均应依法追究刑事责任。对此,最高人民检察院、公安部2008年6月25日印发的《关于公安机关管辖的刑事案件立案追诉标准的规定(一)》(公通字〔2008〕36号)第20条第1款进行了明确的规定:“在生产、销售的食品中掺入有毒、有害的非食品原料的,或者销售明知掺有有毒、有害的非食品原料的食品的,应予立案追诉。”此外,该条第2、3款还专门规定了“瘦肉精”等相关犯罪的处理办法:“使用盐酸克仑特罗等禁止在饲料和动物饮用水中使用的药品或者含有该类药品的饲料养殖供人食用的动物,或者销售明知是使用该类药品或者含有该类药品的饲料养殖的供人食用的动物的,应予立案追诉。明知是使用盐酸克仑特罗等禁止在饲料和动物饮用水中使用的药品或者含有该类药品的饲料养殖的供人食用的动物,而提供屠宰等加工服务,或者销售其制品的,应予立案追诉。”

根据上述法律和司法解释,在本案中,被告人吴某某明知盐酸克仑特罗是有毒、有害的非食品原料,而故意掺入饲料喂养用于销售的牛,属于“在生产的食品中掺入有毒、有害的非食品原料”;有证据证实食用掺有盐酸克仑特罗饲料的牛共计73头,价值人民币31.1万元,根据最高人民法院、最高人民检察院2013年《关于办理危害食品安全刑事案件适用法律若干问题的解释》(已失效)第6条第1项等规定,属于“有其他严重情节”,应在“五年以上十年以下有期徒刑”的幅度内选择法定刑并处罚金刑。考虑到被告人吴某某具有自首等从轻处罚情节,人民法院依法判处其有期徒刑 5 年并处罚金 65 万元,符合罪责刑相适应的基本原则。

二、帮助毁灭证据罪评析

《刑法》第 307 条第 2 款规定了帮助毁灭、伪造证据罪,即“帮助当事人毁灭、伪造证据,情节严重的,处三年以下有期徒刑或者拘役”。

本罪侵犯的客体是司法机关的正常活动。客观上表现为帮助当事人毁灭、伪造证据,情节严重的行为。首先,必须实施了帮助当事人毁灭证据或者帮助当事人伪造证据的行为。帮助当事人,是指受当事人指使或者与当事人共谋,为当事人毁灭证据、伪造证据提供帮助的行为。当事人的范围,由《刑事诉讼法》和《中华人民共和国民事诉讼法》等加以规定。其次,必须达到情节严重的程度。情节严重,主要是指帮助行为严重妨碍了司法机关的正常活动,或者为大案要案的当事人提供帮助,或者帮助行为造成了严重危害后果等情况。本罪属于选择式罪名,只要实施了帮助毁灭证据或帮助伪造证据行为之一,即可构成本罪;实施了两个行为,也只以本罪一罪论处。本罪的主体是一般主体,凡已满 16 周岁、具有刑事责任能力的自然人,均可成为本罪的主体。但是,当事人本人不构成本罪。本罪在主观上是直接故意,即明知自己是在帮助当事人毁灭、伪造证据,并且希望证据被毁灭或者被伪造的结果发生。

在本案中,被告人马某某、曹某某、于某某、王某、朱某某、木某明知查扣的物品系案件的重要物证,在被告人吴某某的指挥下帮助销毁证据,意图阻碍侦查的顺利进行,情节严重,因而构成帮助毁灭证据罪。需要注意的是,由于吴某某本人是生产有毒、有害食品罪的当事人,因此其本人不构成帮助毁灭证据罪。

行贿罪

陈某某为其亲属解除被查封的“瘦肉精”育肥牛向行政执法人员行贿案

裁判要旨

为亲属谋取不正当利益向国家工作人员行贿的，构成行贿罪。

案件事实与裁判结果

人民法院经审理查明：2011 年 11 月 28 日，被告人陈某甲、陈某乙（已判决）在销售所饲喂的 42 头含有“瘦肉精”的育肥牛时，被吉林省磐石市公安局烟筒山派出所、磐石市畜牧业管理局畜牧兽医综合执法大队查处。案件查处期间，陈某甲为解除被查封（扣押）的“瘦肉精”育肥牛，给其亲属被告人陈某某 1 万元好处费，让其疏通关系免予查处。陈某某找到查办此案的磐石市畜牧业管理局畜牧兽医综合执法大队大队长冷某（已判决），向其说明此事，并给其好处费人民币 1 万元。冷某收受好处费后，违反国家相关规定，在吉林出入境检验检疫局检验检疫技术中心检测报告下达前，于 2011 年 12 月 29 日办理了解除查封（扣押）“瘦肉精”育肥牛强制措施的手续，未做无害化处理，造成含有“瘦肉精”成分的育肥牛进入市场流通。其中,7 头育肥牛体内检出“瘦肉精”成分。

人民法院依照《刑法》第 37 条、第 61 条、第 389 条第 1 款、第 390 条第 1 款判决如下:被告人陈某某犯行贿罪,免予刑事处罚。

评 析

《刑法》第 389 条规定了行贿罪,即“为谋取不正当利益,给予国家工作人员以财物的,是行贿罪。在经济往来中,违反国家规定,给予国家工作人员以财物,数额较大的,或者违反国家规定,给予国家工作人员以各种名义的回扣、手续费的,以行贿论处。因被勒索给予国家工作人员以财物,没有获得不正当利益的,不是行贿”。

本罪所侵犯的客体是国家工作人员职务行为的廉洁性和国家机关的正常管理活动。犯罪主体为一般主体,即年满 16 周岁的自然人。客观方面表现为给予国家工作人员以财物的行为。行贿罪财物的入罪数额标准,在本案判决时尚没有明确的司法解释予以规定,具体数额标准由司法机关自由裁量,实践中一般掌握在 1 万元以上。根据最高人民法院、最高人民检察院 2013 年《关于办理行贿刑事案件具体应用法律若干问题的解释》第 1 条规定,行贿数额在 1 万元以上的,应当依法追究刑事责任。而根据最高人民法院、最高人民检察院 2016 年《关于办理贪污贿赂刑事案件适用法律若干问题的解释》第 7 条第 2 款第 4 项规定,行贿数额在 1 万元以上不满 3 万元,具有向负有食品、药品、安全生产、环境保护等监督管理职责的国家工作人员行贿,实施非法活动情形的,应当以行贿罪追究刑事责任。因此,本案如果发生在 2016 年该司法解释实施以后,行贿数额虽然只有 1 万元,但因属于

“向负有食品监督管理职责的国家工作人员行贿,实施非法活动的”,也可以依法追究刑事责任。本罪的主观方面表现为直接故意,要求具有谋取不正当利益的目的。这里的“不正当利益”,是指行贿人谋取违反法律、法规、规章或者政策规定的利益,或者要求对方违反法律、法规、规章、政策、行业规范的规定为其提供帮助或者方便条件。

根据上述法律、司法解释和刑法理论,在本案中,被告人陈某某主观上有为他人谋取不正当利益,即帮助亲友解除被查封的“瘦肉精”育肥牛的目的;客观上实施了向负有食品等监督管理职责的国家工作人员行贿的行为,其行为已构成行贿罪。被告人归案后能如实供述自己的犯罪事实,且犯罪情节轻微,危害不大,故人民法院通过对其犯罪的事实、犯罪的性质、情节和对于社会的危害性综合考量,决定免予刑事处罚。

受贿罪、食品监管渎职罪

何某某不履行检验检疫职责，导致含有“瘦肉精”的猪肉流向市场案

裁判要旨

1. 利用作为动植物防疫检疫中心负责人的便利条件,非法收受贿赂,为他人躲避检验检疫提供机会的,构成受贿罪。

2. 不认真履行职责,放任他人违规操作,致使含有“瘦肉精”的生猪和病死猪及其制品流向市场的,构成食品监管渎职罪。

案件事实与裁判结果

一、受贿罪的案件事实

人民法院经审理查明:2006 年 12 月至 2012 年 10 月,被告人何某某在广东省深圳市宝安区观澜街道动植物防疫检疫中心先后任站长和主任等职务,主持该中心的全面工作。任职期间,何某某为帮助他人逃避检验检疫而多次收受贿赂,在检验检疫过程中给予他人照顾。截至 2012 年 10 月,被告人何某某先后收受他人贿赂款 100 余万元。

二、食品监管渎职罪的案件事实

人民法院经审理查明:被告人何某某作为宝安区观澜街道动植物防疫检疫中心主任,工作严重不负责任,不认真履行工作职责,放任本应由检疫员履行的检测及其他监督职责由徐某、曾某(另案处理)的员工负责,并且在知道徐某、曾某的员工存在违规提取生猪尿液、偷换尿液以逃避“瘦肉精”检测的情况下,依然不采取措施予以制止,且放任该行为,致使大量含有“瘦肉精”的生猪得以屠宰并流向市场。此外,何某某放任驻场检疫员将屠宰场死猪拍照、清点、盖章等工作交给徐某的员工负责,致使检疫中心在死猪的管理上形同虚设,并导致一些病死猪及其制品流向市场,严重损害广大民众的身体健康。

三、裁判结果

人民法院依照《刑法》第 64 条、第 67 条第 1 款、第 69 条、第 93 条、第 383 条、第 385 条、第 386 条、第 397 条、第 408 条之一之规定,判决如下:被告人何某某犯受贿罪,判处有期徒刑 7 年;犯食品监管渎职罪,判处有期徒刑 2 年。数罪并罚,决定执行有期徒刑 9 年;将已退缴赃款人民币 50 万元予以没收并上缴国库。

评析

一、受贿罪评析

《刑法》第385条规定了受贿罪,即"国家工作人员利用职务上的便利,索取他人财物的,或者非法收受他人财物,为他人谋取利益的,是受贿罪。国家工作人员在经济往来中,违反国家规定,收受各种名义的回扣、手续费,归个人所有的,以受贿论处"。

本罪所侵害的客体是国家工作人员职务行为的廉洁性。客观上表现为利用职务上的便利,索取他人财物或者非法收受他人财物,为他人谋取利益的行为。首先,受贿的形式包括两种:一种是利用职务便利索取他人财物(索贿),另一种是利用职务便利非法收受他人财物(一般的受贿或普通受贿)。前者不论是否"为他人谋取利益"均构成受贿罪,后者则需要同时具备"为他人谋取利益"的条件,才能构成受贿罪。其次,关于"财物"的界定,根据最高人民法院、最高人民检察院2016年《关于办理贪污贿赂刑事案件适用法律若干问题的解释》第12条的规定,"财物"包括货币、物品和财产性利益。非财产性利益不属于"财物",不能成为本罪的对象。本罪的主体是国家工作人员。犯罪主观方面表现为故意,过失不构成本罪。

在本案中,被告人何某某收受财物100余万元,在明知他人猪肉不合格的情况下,仍为他人逃避检测提供帮助,利用职务便利收受他人巨额财物,为他人谋取利益。无论是索贿还是行贿人主动行贿,被告人何某某均已构成受贿罪既遂。《刑法》第386条规定,"对犯受贿罪的,根据受贿所得数额及情节,依照本法第三百八十三条的规定处罚。索贿的从重处罚。"本案2014年一审宣判时,《刑法修正案(九)》尚没有颁布实施①,因此根据《刑法修正案(九)》修正之前的《刑法》第383条第1项规定,"个人贪污数额在十万元以上的,处十年以上有期徒刑或者无期徒刑,可以并处没收财产;情节特别严重的,处死刑,并处没收财产"。被告人何某某系自首并于案发后及时退缴赃款50万元,二者均为可以从轻或减轻处罚的量刑情节。由此可见,对被告人何某某以受贿罪判处有期徒刑7年,是人民法院综合考虑其各种量刑情节后的结果,于法有据,于情有理。

二、食品监管渎职罪评析

《刑法》第408条之一规定了食品、药品监管渎职罪,即"负有食品药品安全监督管理职责的国家机关工作人员,滥用职权或者玩忽职守,有下列情形之一,造成严重后果或者有其他严重情节的,处五年以下有期徒刑或者拘役;造成特别严重后果或者有其他特别严重情节的,处五年以上十年以下有期徒刑:(一)瞒报、谎报食品安全事故、药品安全事件的;(二)对发现的严重食品药品安全违法行为未按规定查处的;(三)在药品和特殊食品审批审评过程中,对不符合条件的申请准予许可的;(四)依法应当移交司法机关追究刑事责任不移交的;(五)有其他滥用职权或者玩忽职守行为的。徇私舞弊犯前款罪的,从重处罚"。

---

① 《刑法修正案(九)》对贪污贿赂罪的定罪量刑情节做了大幅修改,如果根据《刑法修正案(九)》以及与其配套实施的最高人民法院、最高人民检察院2016年《关于办理贪污贿赂刑事案件适用法律若干问题的解释》,受贿100余万元的量刑幅度为3年至10年有期徒刑,而不是10年以上有期徒刑。

本罪所侵害的客体为国家机关公务行为的合法、公正、有效执行。本罪客观方面表现为，负有食品药品安全监督管理职责的国家机关工作人员，滥用职权或者玩忽职守，造成严重后果或者有其他严重情节的行为。犯罪主体为负有食品药品安全监督管理职责的国家机关工作人员。本罪所打击的是食品药品监管渎职行为，因此直接正犯应为直接负监管职责的国家机关工作人员，其他人如食品药品监管部门的上级领导等，不是本罪的适格主体，但有可能成立共同犯罪。犯罪主观方面包括过于自信的过失和间接故意，即行为人对渎职行为的危害性已有认识，但出于滥用职权或玩忽职守的心态，自信能够避免危害结果或持续放任危害行为发生，进而造成严重后果或者具备其他严重情节。

本案于 2013 年 6 月 27 日开庭审理，2014 年 4 月 28 日审结，应适用《刑法》第 408 条之一规定的食品监管渎职罪。被告人何某某作为检疫中心主任，明知徐某（已另案处理）等人生产的猪肉存在问题，依然放任其继续生产并将检疫中心的部分职责交由徐某等人的员工负责，致使含有“瘦肉精”的猪肉流向市场，造成严重后果，成立食品监管渎职罪既遂。

生产、销售伪劣产品罪

熊某某等生产经营假兽药、在兽药中非法添加禁用物质盐酸氯丙那林案

裁判要旨

生产假兽药、销售明知是假的或失去使用效能的兽药，没有证据证实“使生产遭受较大损失的”，不能按照生产、销售伪劣兽药罪定罪处罚。但销售金额达5万元以上的，可以按照生产、销售伪劣产品罪定罪处罚。

案件事实与裁判结果

人民法院经审理查明：被告人海×公司主要负责人总经理熊某某、技术总监周某甲、生产负责人詹某某、销售负责人周某乙和浙江地区销售业务员王某某，明知氯丙那林属于禁用物质且兽药生产要按照兽药标准和批准的生产工艺组方，但仍为提高疗效和竞争力故意生产和销售不符合生产工艺组方的假兽药。从2012年1月到2013年2月，5名被告人负责生产销售的组方不符合国家标准的“重症绝杀”“超强克拉风暴”等17种兽药品种累计销售金额为1124万余元；添加

禁用物质盐酸氯丙那林的兽药品种“超强多抗”“超能金尊”等累计销售金额为18万余元。其中,熊某某参与的销售金额为1142万余元,周某甲参与的销售金额为1010万余元,詹某某参与的销售金额为1124万余元,周某乙参与的销售金额为345万余元,王某某参与的销售金额为38万余元。

人民法院依据《刑法》第25条第1款、第26条第1款和第4款、第27条、第55条第1款、第56条第1款、第57条第1款、第67条第3款、第140条、第147条、第149条之规定,认定上述被告人均构成生产、销售伪劣产品罪,依法判处熊某某无期徒刑,剥夺政治权利终身,并处没收个人全部财产;周某甲有期徒刑11年,剥夺政治权利1年,并处罚金120万元;詹某某有期徒刑11年,剥夺政治权利1年,并处罚金120万元;周某乙有期徒刑7年,并处罚金60万元;王某某有期徒刑1年6个月,并处罚金10万元。

评析

《刑法》第140条规定了生产、销售伪劣产品罪,即“生产者、销售者在产品中掺杂、掺假,以假充真,以次充好或者以不合格产品冒充合格产品,销售金额五万元以上不满二十万元的,处二年以下有期徒刑或者拘役,并处或者单处销售金额百分之五十以上二倍以下罚金;销售金额二十万元以上不满五十万元的,处二年以上七年以下有期徒刑,并处销售金额百分之五十以上二倍以下罚金;销售金额五十万元以上不满二百万元的,处七年以上有期徒刑,并处销售金额百分之五十以上二倍以下罚金;销售金额二百万元以上的,处十五年有期徒刑或者无期徒刑,并处销售金额百分之五十以上二倍以下罚金或者没收财产”。

本罪所侵犯的客体是复杂客体,包括国家对产品质量的管理制度、消费者的合法权益和产品市场管理秩序。客观方面表现为在产品中掺杂、掺假,以假充真,以次充好或者以不合格产品冒充合格产品,销售金额在5万元以上的行为。首先,本罪在客观方面有4种行为方式:(1)在产品中掺杂、掺假,是指在产品中掺入杂质或者异物,致使产品质量不符合国家法律、法规或者产品明示质量标准规定的质量要求,降低、失去应有使用性能的行为;(2)以假充真,即以不具有某种使用性能的产品冒充具有该种使用性能的产品的行为;(3)以次充好,即以低等级、低档次产品冒充高等级、高档次产品,或者以残次、废旧零配件组合、拼装后冒充正品或者新产品的行为;(4)以不合格产品冒充合格产品,即以不符合《中华人民共和国产品质量法》(以下简称《产品质量法》)第26条第2款规定的质量要求的产品冒充符合上述规定的质量要求的产品的行为。其次,销售金额需达到5万元以上,即生产者、销售者出售伪劣产品后所得和应得的全部违法收入应达5万元以上。本罪的主体为一般主体,包括年满16周岁且具有刑事责任能力的自然人和单位。本罪的主观方面为故意,即行为人明知自己生产、销售伪劣产品的行为会发生危害国家产品质量管理制度、消费者的正当权益以及产品市场管理秩序的结果,并且希望或放任这种结果的发生。本罪不是目的犯,以牟取非法利益为目的不是本罪主观方面的必备要件。

本案中,熊某某、周某甲、詹某某、周某乙和王某某5名被告人在其生产并销售的“重症绝杀”等17种兽药中添加禁止使用的原料“盐酸氯丙那林”并且未按生产工艺组方加工,生产既不符合兽药国家标准,也不符合在产品或者其包装上注明采用的产品标准的假兽药,以不合格产品冒充合格产品，且销售金额在 5 万元以上，扰乱国家对兽药行业的管理，均构成生产、销售伪劣产品罪且构成该罪的共同犯罪。本案没有足够证据证实存在“使生产遭受较大损失”的事实，故不构成生产、销售伪劣兽药罪。[①] 在生产、销售伪劣产品罪中，熊某某为共同犯罪中的主犯，且其参与销售的金额达 1142 万余元，符合《刑法》第 140 条第四档法定刑，且查明其不存在自首情节，最终对其判处无期徒刑，剥夺政治权利终身，并处没收个人全部财产。周某甲和詹某某为共同犯罪中的从犯，虽然销售金额达 200 万元以上，但根据《刑法》第 27 条第 2 款之规定，“对于从犯，应当从轻、减轻处罚或者免除处罚”，对周某甲和詹某某减轻处罚，对周某甲和詹某某均判处有期徒刑 11 年，剥夺政治权利 1 年，并处罚金 120 万元。周某乙为共同犯罪中的从犯，且其认罪态度良好，虽然其销售金额在 200 万元以上，但对其减轻处罚的幅度可以更大一些，因而判处有期徒刑 7 年，并处罚金 60 万元。王某某为共同犯罪中的从犯，且其认罪态度良好，虽然其销售金额为 20 万元以上不满 50 万元，但对其减轻处罚，判处有期徒刑 1 年 6 个月，并处罚金 10 万元。

---

① 根据《刑法》第 147 条的规定，构成生产、销售伪劣兽药罪，至少要求“使生产遭受较大损失”。

彭某甲、彭某乙、彭某丙在生猪屠宰前注射兽用肾上腺素和阿托品案

裁判要旨

肾上腺素和阿托品均属于允许使用的兽药,不属于有毒、有害的非食品原料。被告人对待宰生猪注射兽用肾上腺素和阿托品,违反了相关药品休药期的规定,存在危及人身安全的不合理风险,不符合《产品质量法》第26条第2款的规定,符合相关构成要件的,可以认定为生产、销售伪劣产品罪。

案件事实与裁判结果

人民法院经审理查明:2016年12月左右,辽宁省黑山县广源屠宰厂经营者王某1(另案判决)为获取非法利益,达到增加生猪出肉率的目的,雇佣蒋某1(另案判决)等人在其经营的屠宰厂内给待宰生猪先注射兽用肾上腺素和阿托品,之后进行注水。并约定每注水1头生猪给蒋某18元钱。2016年12月10日至2017年1月19日,蒋某1先后雇佣被告人彭某乙、彭某甲、彭某丙等人给该屠宰厂待宰生猪打药、

注水。经鉴定,2016 年 12 月 10 日至 2017 年 1 月 19 日,黑山县广源屠宰厂共计生产、销售打药、注水猪肉及猪产品数量总计 1,036,770 千克,销售金额 26,541,068.4 元。被告人彭某乙于 2020 年 3 月 19 日被公安机关抓获,被告人彭某甲、彭某丙于同年 4 月 20 日主动到公安机关投案。

人民法院依照《刑法》第 25 条第 1 款、第 27 条、第 37 条之一第 3 款、第 52 条、第 53 条、第 61 条、第 62 条、第 64 条、第 67 条第 1 款和第 3 款、第 140 条之规定,认定上述被告人均犯生产、销售伪劣产品罪,依法判处彭某甲有期徒刑 7 年,并处罚金人民币 1 万元;彭某乙有期徒刑 7 年,并处罚金人民币 8000 元;彭某丙有期徒刑 7 年,并处罚金人民币 6000 元;依法禁止上述被告人自刑罚执行完毕之日或者假释之日起从事食品生产经营管理工作,期限为 5 年。依法追缴各被告人的违法所得,上缴国库。

评 析

《刑法》第 140 条规定:“生产者、销售者在产品中掺杂、掺假,以假充真,以次充好或者以不合格产品冒充合格产品,销售金额五万元以上不满二十万元的,处二年以下有期徒刑或者拘役,并处或者单处销售金额百分之五十以上二倍以下罚金;销售金额二十万元以上不满五十万元的,处二年以上七年以下有期徒刑,并处销售金额百分之五十以上二倍以下罚金;销售金额五十万元以上不满二百万元的,处七年以上有期徒刑,并处销售金额百分之五十以上二倍以下罚金;销售金额二百万元以上的,处十五年有期徒刑或者无期徒刑,并处销售金额百分之五十以上二倍以下罚金或者没收财产。”最高人民法院、最高人民检察院2001年《关于办理生产、销售伪劣商品刑事案件具体应用法律若干问题的解释》第1条第1款规定："刑法第一百四十条规定的'在产品中掺杂、掺假'，是指在产品中掺入杂质或者异物，致使产品质量不符合国家法律、法规或者产品明示质量标准规定的质量要求，降低、失去应有使用性能的行为。"

本罪侵犯的客体是复杂客体，既侵犯国家对产品质量的管理制度，也侵犯消费者的合法权益，还侵犯产品市场管理秩序。本罪的主体是一般主体，包括年满16周岁的自然人和单位。本罪的客观方面表现为在产品中掺杂、掺假，以假充真，以次充好或者以不合格产品冒充合格产品，销售金额在5万元以上的行为。具体包括两方面：一是实施掺杂、掺假，以假充真，以次充好或者以不合格产品冒充合格产品的行为；二是生产者、销售者出售伪劣产品后所得和应得全部违法收入达到5万元。如伪劣产品尚未销售，货值金额达到15万元以上的，以本罪（未遂）定罪处罚。本罪的主观方面表现为故意，但不是目的犯，牟取非法利益不是本罪主观方面的必备要件。

根据上述法律、司法解释和刑法理论，在本案中，3名被告人明知蒋某1在黑山县广源屠宰厂从事给待宰生猪打药、注水违法活动，仍受其雇佣，从事给待宰生猪打药、注水违法活动，以不合格产品冒充合格产品，且涉案金额巨大。3人行为均构成生产、销售伪劣产品罪。3名被告人系共同犯罪，在共同犯罪中均起辅助作用，系从犯，依法应减轻处罚。彭某甲、彭某丙主动到公安机关投案，如实供述犯罪事实，系自首，可依法从轻处罚。彭某乙当庭自愿认罪，如实供述犯罪事实，构成坦白，可依法从轻处罚。因此，法院综合考虑各项因素，判处各被告人7年有期徒刑，符合罪责刑相适应的基本原则。

本案中，公诉机关指控的罪名是生产、销售有毒、有害食品罪，而人民法院认定的罪名是生产、销售伪劣产品罪,之所以两者认定的罪名不一致,主要原因在于对“有毒、有害非食品原料”的认定不同。人民法院认为,公诉机关提交的辽宁省畜牧兽药局关于对商请出具生猪屠宰中使用兽用肾上腺素、阿托品等药物有关意见的复函,不足以证明给待宰生猪注射兽用肾上腺素、阿托品等药物属于添加“有毒、有害的非食品原料”,药物的有害性不能得到认定。事实上,兽用肾上腺素和阿托品均属于允许使用的兽药,不属于有毒、有害的非食品原料。被告人对待宰生猪注射兽用肾上腺素和阿托品,违反了相关药品休药期的规定,存在危及人身安全的不合理风险,不符合《产品质量法》第 26 条第 2 款的规定,应当认定为以不合格产品冒充合格产品。因此,人民法院认定其构成生产、销售伪劣产品罪,而非生产、销售有毒、有害食品罪,是正确的。

生产、销售有毒、有害食品罪

御某香公司使用含禁用物质莱克多巴胺的猪肥膘加工肉燕和虾米饺案

裁判要旨

单位明知系掺有有毒、有害的非食品原料的食品而进行销售的，构成销售有毒、有害食品罪，依法追究单位及其直接负责的主管人员和其他直接责任人员的刑事责任。

案件事实与裁判结果

人民法院经审理查明：2011年8月14日，被告人蔡某与胜记公司的经营者王某甲（另案处理）联系，双方谈妥由被告单位御某香公司向胜记公司购买10吨“雨润”牌猪肥膘。当日，胜记公司将10吨假冒“雨润”牌猪肥膘销售给御某香公司，后王某戊（另案处理）作为御某香公司的质检员（负责进出库验证、配货投产等），将由胜记公司供货的上述猪肥膘验收入库并按照配方投入生产，其中猪肥膘约占产品22.8%的比例。2011年8月16日，福建省产品质量检验研究院到御某香公司对胜记公司所供货的其中2吨猪肥膘进行抽检。被告人蔡某即与胜记公司的王某甲、王某乙（另案处理）联系，王某甲、王某乙要求御某香公司停止使用该批猪肥膘并明确告知若有问题可以退货，但御某香公司仍继续将该批猪肥膘投入生产，并将生产的产品销往市场。同年8月25日，当获知上述2吨猪肥膘经初检含有莱克多巴胺（俗称“瘦肉精”）成分时，御某香公司不仅没有采取有效的补救措施，还由被告人蔡某到胜记公司找王某甲、王某乙谈妥“假退货”并伪造退货单据以蒙骗相关部门调查，王某戊明知上述情况也积极配合。经查，御某香公司使用上述2吨猪肥膘（经检验，含有莱克多巴胺成分，不合格程度为严重）生产出约877件“御某香”牌肉燕、虾米饺产品，总销售金额约为105,240元。

人民法院依照《刑法》第25条第1款、第30条、第31条、第144条、第150条，以及最高人民法院、最高人民检察院《关于办理非法生产、销售、使用禁止在饲料和动物饮用水中使用的药品等刑事案件具体应用法律若干问题的解释》第4条、第6条，判决如下：御某香公司犯销售有毒、有害食品罪，判处罚金人民币10万元。被告人蔡某犯销售有毒、有害食品罪，判处有期徒刑1年，并处罚金人民币5万元。

评 析

根据《刑法》第144条的规定，销售有毒、有害食品罪是指销售明知掺有有毒、有害的非食品原料的食品的行为。犯该罪的，处5年以下有期徒刑，并处罚金；对人体健康造成严重危害或者有其他严重情节的，处5年以上10年以下有期徒刑，并处罚金；致人死亡或者有其他特别严重情节的，依照《刑法》第141条的规定处罚（处10年以上有期徒刑、无期徒刑或者死刑，并处罚金或者没收财产）。《刑法》第

150 条规定了对单位构成本罪的定罪处罚问题，即“单位犯本节第一百四十条至第一百四十八条规定之罪的，对单位判处罚金，并对其直接负责的主管人员和其他直接责任人员，依照各该条的规定处罚”。根据最高人民法院、最高人民检察院《关于办理非法生产、销售、使用禁止在饲料和动物饮用水中使用的药品等刑事案件具体应用法律若干问题的解释》第 3 条规定，销售明知是使用盐酸克仑特罗等禁止在饲料和动物饮用水中使用的药品或者含有该类药品的饲料养殖的供人食用的动物的，以销售有毒、有害食品罪追究刑事责任。

本罪所侵犯的客体包括国家食品安全监督管理制度和不特定多数人的身体健康、生命安全。犯罪主体为一般主体，包括年满 16 周岁的自然人和单位。单位构成本罪的，对单位判处罚金，并依法追究单位犯罪中直接负责的主管人员和其他直接责任人员的刑事责任。主观方面表现为故意。客观方面表现为销售明知掺有有毒、有害的非食品原料的食品的行为。本罪是行为犯，只要实施了相应行为，均应依法追究刑事责任。

根据上述法律、司法解释和刑法理论，在本案中，被告单位御某香公司曾因生产严重不合格的产品于 2011 年 8 月 12 日受到行政处罚，本应积极整改并对生产原料的质量严格把关，但却于同月 16 日福建省产品质量检验研究院对 2 吨猪肥膘原料进行抽检后，在供货方明确告知该批猪肥膘若有问题可以退货，并强调该批猪肥膘先不要使用的情况下，故意对受检的 2 吨猪肥膘不予留存等待检验结果，而是组织投入生产销售，放任含有莱克多巴胺的产品流入市场，在得知检测结果后又与供货方串通进行“假退货”，企图逃避处罚，主观上具有销售明知掺有有毒、有害非食品原料的食品的故意，客观上实施了销售掺有有毒、有害非食品原料的食品的行为，已构成销售有毒、有害食品罪。被告人蔡某作为该单位的负责人,是该单位销售有毒、有害食品行为的决策者和实施者,属于该单位犯罪中“直接负责的主管人员”,亦应按照销售有毒、有害食品罪定罪处罚。

吴某某采购并销售无检疫证明的、含禁用物质“瘦肉精”的牛羊肉案

裁判要旨

对于被告人明知是无检疫证明的牛羊肉而采购并销售的,可作为认定其“明知是有毒、有害的食品”而销售的依据,进而构成销售有毒、有害食品罪。

案件事实与裁判结果

人民法院经审理查明:被告人吴某某在明知没有动物检疫合格证明的情况下购进生鲜牛羊肉,并转而销售给某烧烤店和饭店。2016年6月24日、7月21日,河北省唐山市曹妃甸区食品药品监督管理局分别对该烧烤店和饭店内的该批用于销售的牛羊肉进行抽检,均检测出盐酸克仑特罗(“瘦肉精”的一种)成分。

人民法院依照《刑法》第37条之一、第72条、第73条、第144条,最高人民法院、最高人民检察院《关于办理危害食品安全刑事案件适用法律若干问题的解释》第18条之规定,判决如下:被告人吴某某犯

销售有毒、有害食品罪，判处有期徒刑 1 年，缓刑 1 年，并处罚金人民币 2000 元；禁止被告人吴某某在缓刑考验期限内从事食品生产、销售及相关活动。

评 析

根据《刑法》第 144 条的规定，销售有毒、有害食品罪是指销售明知掺有有毒、有害的非食品原料的食品的行为。犯该罪的，处 5 年以下有期徒刑，并处罚金；对人体健康造成严重危害或者有其他严重情节的，处 5 年以上 10 年以下有期徒刑，并处罚金；致人死亡或者有其他特别严重情节的，依照《刑法》第 141 条的规定处罚（处 10 年以上有期徒刑、无期徒刑或者死刑，并处罚金或者没收财产）。根据最高人民法院、最高人民检察院《关于办理非法生产、销售、使用禁止在饲料和动物饮用水中使用的药品等刑事案件具体应用法律若干问题的解释》第 3 条规定，销售明知是使用盐酸克仑特罗等禁止在饲料和动物饮用水中使用的药品或者含有该类药品的饲料养殖的供人食用的动物的，以销售有毒、有害食品罪追究刑事责任。

本罪所侵犯的客体是国家对食品安全的监督管理制度和不特定多数人的生命、健康权利。犯罪主体为一般主体，包括已满 16 周岁、具有刑事责任能力的自然人和单位。主观方面表现为故意，即明知是掺有有毒、有害的非食品原料的食品而予以销售。如果行为人不明知自己销售的食品是掺有有毒、有害的非食品原料的食品，则因缺乏主观上的故意而不构成犯罪。客观方面表现为销售明知掺有有毒、有害的非食品原料的食品的行为。本罪是行为犯，只要实施了相应行为，均应依法追究刑事责任，行为是否足以严重危害人体健康或者造成了中毒事故等严重后果,不影响犯罪的基本构成。

根据上述法律法规和刑法理论,本案中,被告人在明知无动物检疫合格证明的情况下,销售掺有有毒、有害的非食品原料的食品,导致含有盐酸克仑特罗成分的牛羊肉流入餐馆,其行为已构成销售有毒、有害食品罪。本案中被告人销售金额较小,案涉有毒有害食品尚未对人体健康造成严重危害,犯罪情节较轻,且被告人能够当庭认罪,因此,法院综合考虑各种从轻因素,在5年以下的幅度内量刑,且适用缓刑,符合罪责刑相适应的基本原则。

根据《刑法》规定,"明知"其销售的食品系"掺有有毒、有害的非食品原料的食品的",才构成销售有毒、有害食品罪。如果不"明知"其销售的食品系"掺有有毒、有害的非食品原料的食品的",不构成销售有毒、有害食品罪。对于被告人辩解其不"明知"销售的食品系"掺有有毒、有害的非食品原料的食品"的,可以通过一系列的客观事实予以推定。需要说明的是,"明知"不等于"确知",对被告人知道或者应当知道所生产、销售的食品中可能掺有有毒、有害的非食品原料,实际也从食品中检出有毒、有害的非食品原料的,也应当认定被告人存在主观故意。在本案中,被告人吴某某长期从事牛羊肉销售工作,熟悉该行业的相关规定,明知所销售的牛羊肉没有动物检疫合格证明,可能掺有有毒、有害的非食品原料,仍然采购并销售没有动物检疫合格证明的牛羊肉,相关牛羊肉也检出了"瘦肉精",应认定其"明知"销售的食品系有毒、有害的食品,因而可以构成本罪。

孙某某销售含禁用物质“瘦肉精”的羊肠、羊肚、羊肺、羊肝、羊脸案

裁判要旨

未取得供货方营业执照、食品卫生许可证、动物检验检疫证等证的情况下购买含有“瘦肉精”的动物制品并对外出售的，构成销售有毒、有害食品罪。

案件事实与裁判结果

人民法院经审理查明：被告人孙某某2014年11月注册成立“老×牛羊肉”销售点，经营范围为肉类产品零售（不含肉类熟制品和各种肉类罐头）。在未取得供货方营业执照、食品卫生许可证、动物检验检疫证的情况下，孙某某分别于2017年3月15日从个体工商户闫某才处购进羊脸36.8斤，于3月16日从流动商贩王某处购进羊肚53斤、羊肠48斤、羊肝肺240斤，并出售给李某经营的“胖×嫂”羊汤馆羊肚6.3斤、羊肠5.7斤、羊肝肺11.9斤、羊脸13斤。除被扣押部分外，其对外销售总共获利约3300元。2017年3月21日山东省威海市

食品药品监督管理局对孙某某店内的冷冻生羊肠及孙某某出售给“胖×嫂”羊汤馆的羊脸、羊小肠、羊肝、羊肚、羊肺以及羊杂汤进行抽样检测，均检出盐酸克伦特罗（“瘦肉精”的一种），结论为不合格。

人民法院依照《刑法》第52条、第53条、第67条第3款、第72条、第73条第2款和第3款、第144条，最高人民法院、最高人民检察院《关于办理危害食品安全刑事案件适用法律若干问题的解释》第17条、第18条、第20条，判决如下：被告人孙某某犯销售有毒、有害食品罪，判处有期徒刑1年，缓刑1年，并处罚金人民币1万元。禁止被告人孙某某在缓刑考验期限内从事食品生产、销售及相关活动。

评析

根据《刑法》第144条的规定，销售有毒、有害食品罪是指销售明知掺有有毒、有害的非食品原料的食品的行为。犯该罪的，处5年以下有期徒刑，并处罚金；对人体健康造成严重危害或者有其他严重情节的，处5年以上10年以下有期徒刑，并处罚金；致人死亡或者有其他特别严重情节的，依照《刑法》第141条的规定处罚（处10年以上有期徒刑、无期徒刑或者死刑，并处罚金或者没收财产）。根据最高人民法院、最高人民检察院《关于办理非法生产、销售、使用禁止在饲料和动物饮用水中使用的药品等刑事案件具体应用法律若干问题的解释》第3条规定，销售明知是使用盐酸克仑特罗等禁止在饲料和动物饮用水中使用的药品或者含有该类药品的饲料养殖的供人食用的动物的，以销售有毒、有害食品罪追究刑事责任。

本罪所侵犯的客体包括国家食品安全监督管理制度和不特定多数人的身体健康、生命安全。犯罪主体为一般主体，包括年满16周岁的自然人和单位。客观方面表现为销售明知掺有有毒、有害的非食品原料的食品的行为。本罪主观方面表现为故意,构成本罪的,要求“明知”销售的是掺有有毒、有害的非食品原料的食品。最高人民法院、最高人民检察院2021年《关于办理危害食品安全刑事案件适用法律若干问题的解释》第10条规定:“刑法第一百四十四条规定的‘明知’,应当综合行为人的认知能力、食品质量、进货或者销售的渠道及价格等主、客观因素进行认定。具有下列情形之一的,可以认定为刑法第一百四十四条规定的‘明知’,但存在相反证据并经查证属实的除外:(一)长期从事相关食品、食用农产品生产、种植、养殖、销售、运输、贮存行业,不依法履行保障食品安全义务的;(二)没有合法有效的购货凭证,且不能提供或者拒不提供销售的相关食品来源的;(三)以明显低于市场价格进货或者销售且无合理原因的;(四)在有关部门发出禁令或者食品安全预警的情况下继续销售的;(五)因实施危害食品安全行为受过行政处罚或者刑事处罚,又实施同种行为的;(六)其他足以认定行为人明知的情形。”

在本案中,被告人孙某某作为食品销售者,违反国家食品安全管理法规,在未取得供货方营业执照、食品卫生许可证、动物检验检疫证明的情况下,应当意识到所购羊肉制品可能存在食品安全风险,仍对外销售,被检出“瘦肉精”成分,具有销售有毒、有害食品的主观故意,构成销售有毒、有害食品罪。考虑到被告人孙某某具有如实供述自己的犯罪事实等从轻情节和悔罪表现,人民法院依法判处其有期徒刑1年,缓刑1年,并处罚金1万元,禁止被告人孙某某在缓刑考验期限内从事食品生产、销售及相关活动,符合罪责刑相适应的基本原则。

刘某某、李某甲购买禁用物质“瘦肉精”饲喂肉牛案

裁判要旨

明知“瘦肉精”是有毒、有害的非食品原料而购买，并故意在养殖供人食用的动物的饲料和动物饮用水中使用的，构成生产有毒、有害食品罪。

案件事实与裁判结果

人民法院经审理查明：2016 年至 2020 年，被告人刘某某明知盐酸克仑特罗（俗称“瘦肉精”）系国家明令禁止在饲料和动物饮用水中使用的药品，为牟利，仍多次从闫某 1（另案处理）及他人处购买该药品，之后将该药品出售给从事肉牛养殖的李某甲、李某乙、郭某某（另案处理）等人。刘某某也使用该药品饲养供人食用的肉牛。经检测，刘某某饲养的 1 头肉牛尿液中含有盐酸克仑特罗，郭某某饲养的 6 头肉牛尿液中含有盐酸克仑特罗。

2019 年至 2020 年，被告人李某甲、李某乙明知盐酸克仑特罗系

国家明令禁止在饲料和动物饮用水中使用的药品，仍多次从刘某某处购买该药品用于饲养供人食用的肉牛。经检测，李某甲饲养的33头肉牛尿液中含有盐酸克仑特罗，李某乙饲养的25头肉牛尿液中含有盐酸克仑特罗，2人提交的疑似“瘦肉精”粉末中均含有盐酸克仑特罗。

人民法院依照《刑法》第25条第1款、第37条之一第1款、第67条第3款、第144条，最高人民法院、最高人民检察院《关于办理非法生产、销售、使用禁止在饲料和动物饮用水中使用的药品等刑事案件具体应用法律若干问题的解释》第3条之规定，判决如下：被告人刘某某犯生产有毒、有害食品罪，判处有期徒刑5年，并处罚金人民币20万元。被告人李某甲犯生产有毒、有害食品罪，判处有期徒刑5年，并处罚金人民币20万元。被告人李某乙犯生产有毒、有害食品罪，判处有期徒刑4年8个月，并处罚金人民币15万元。禁止被告人刘某某、李某甲、李某乙自刑罚执行完毕之日起5年内从事畜禽养殖、销售经营活动。

评 析

根据《刑法》第144条的规定，生产有毒、有害食品罪是指在生产、销售的食品中掺入有毒、有害的非食品原料的行为。犯该罪的，处5年以下有期徒刑，并处罚金；对人体健康造成严重危害或者有其他严重情节的，处5年以上10年以下有期徒刑，并处罚金；致人死亡或者有其他特别严重情节的，依照《刑法》第141条的规定处罚（处10年以上有期徒刑、无期徒刑或者死刑，并处罚金或者没收财产）。根据最高人民法院、最高人民检察院《关于办理非法生产、销售、使用禁止在饲料和动物饮用水中使用的药品等刑事案件具体应用法律若干问题的解释》第3条规定，使用盐酸克仑特罗等禁止在饲料和动物饮用水中使用的药品或者含有该类药品的饲料养殖供人食用的动物，以生产有毒、有害食品罪追究刑事责任。

本罪所侵犯的客体包括国家食品安全监督管理制度和不特定多数人的身体健康、生命安全。犯罪主体为一般主体，包括年满16周岁的自然人和单位。本罪主观方面表现为故意。行为人实施本罪一般具有牟利目的，不过牟利目的不是本罪的构成要件。客观方面表现为在生产、销售的食品中掺入有毒、有害的非食品原料的行为。本罪是行为犯，只要实施了相应行为，均应依法追究刑事责任。

根据上述法律、司法解释，被告人刘某某明知“瘦肉精”是有毒、有害的非食品原料，仍故意使用该药品养殖供人食用的肉牛，属于“在生产的食品中掺入有毒、有害的非食品原料”；被告人李某甲、李某乙明知“瘦肉精”是有毒、有害的非食品原料，仍从刘某某处购买并使用该药品养殖供人食用的肉牛，也属于“在生产的食品中掺入有毒、有害的非食品原料”。针对被告人及其辩护人对检察机关指控证据中的价格认定结论提出的异议，法院查明，被检测出含有“瘦肉精”的涉案肉牛的价格认定结论均存在肉牛称重日期及价格认定基准日严重滞后于立案侦查日期的情况，不能客观证明涉案肉牛的价值，不能作为证据使用，不予采信，据此对检察机关依据前述价格认定结论提出的量刑建议也不予采纳。根据本案的犯罪事实、性质、情节及对社会的危害程度，考虑到被告人刘某某、李某甲、李某乙具有坦白等从轻情节，人民法院依法分别判处：刘某某有期徒刑5年，并处罚金20万元；李某甲有期徒刑5年，并处罚金20万元；李某乙有期徒刑4年8个月，并处罚金15万元。

李某甲、陈某某、陈某甲购买含禁用物质“瘦肉精”的饲料饲喂肉牛案

裁判要旨

明知购买的饲料中含有有毒、有害的非食品原料“瘦肉精”，仍进行购买并饲喂用于销售的动物，构成生产有毒、有害食品罪。

案件事实与裁判结果

人民法院经审理查明：吉林省磐石市农民陈某乙于2005年注册磐石市某养牛专业合作社。2010年10月陈某乙患病，被告人陈某某、陈某甲代为经营该合作社。2008年4月，被告人李某甲购买“瘦肉精”饲料，并喂饲养的肉食牛。2011年8月，被告人李某甲联系到陈某某，向陈某某销售余下的“瘦肉精”饲料。陈某某购买“瘦肉精”饲料后，在征得陈某甲同意的情况下，向42头肉食牛饲喂“瘦肉精”饲料。2011年11月28日，被告人陈某某、陈某甲欲将喂过“瘦肉精”饲料的42头肉食牛出售时，磐石市畜牧管理局及公安局工作人员对该42头肉食牛进行执法检查，经鉴定其中5头牛身体内的盐酸克仑

特罗成分超标。磐石市畜牧管理局于 2011 年 12 月 21 日对该合作社存栏的 86 头肉食牛全部采样检测(包括先前采样的 5 头牛),经鉴定 7 头牛体内含有的盐酸克仑特罗成分超标。

人民法院依照《刑法》第 61 条、第 72 条第 1 款和第 2 款、第 73 条第 3 款、第 76 条、第 144 条之规定,认定被告人李某甲、陈某某、陈某甲均构成生产有毒、有害食品罪,依法判处李某甲有期徒刑 1 年,并处罚金人民币 4 万元;陈某某有期徒刑 6 个月,并处罚金人民币 4 万元;陈某甲拘役 3 个月,缓刑 6 个月,并处罚金人民币 2 万元,责令陈某甲在缓刑考验期内,禁止从事养殖供人食用动物的经营活动。

评 析

根据《刑法》第 144 条的规定,生产有毒、有害食品罪是指在生产、销售的食品中掺入有毒、有害的非食品原料的行为。犯该罪的,处 5 年以下有期徒刑,并处罚金;对人体健康造成严重危害或者有其他严重情节的,处 5 年以上 10 年以下有期徒刑,并处罚金;致人死亡或者有其他特别严重情节的,依照《刑法》第 141 条的规定处罚(处 10 年以上有期徒刑、无期徒刑或者死刑,并处罚金或者没收财产)。根据最高人民法院、最高人民检察院 2002 年《关于办理非法生产、销售、使用禁止在饲料和动物饮用水中使用的药品等刑事案件具体应用法律若干问题的解释》第 3 条的规定,使用盐酸克仑特罗等禁止在饲料和动物饮用水中使用的药品或者含有该类药品的饲料养殖供人食用的动物,以生产有毒、有害食品罪论处。

本罪所侵犯的客体包括国家食品安全监督管理制度和不特定多数人的身体健康、生命安全。客观方面表现为在生产、销售的食品中掺入有毒、有害的非食品原料的行为。犯罪主体为一般主体，包括年满 16 周岁的自然人和单位。主观方面表现为故意，即明知是有毒、有害的非食品原料，而掺入自己生产、销售的食品中。过失不构成本罪。

本案中 3 名被告人使用掺有“瘦肉精”的饲料养殖供人食用的动物，其行为已构成生产有毒、有害食品罪。因陈某某、陈某甲所持有的 86 头肉牛中有 7 头牛体内含有的盐酸克仑特罗成分超标，尚未产生《刑法》第 144 条规定的“严重情节”，且 3 名被告人在案发后能自愿认罪，有悔罪表现，可在基本刑的量刑幅度内酌情从轻处罚。因此，人民法院在 5 年以下有期徒刑的量刑幅度内分别判处 3 名被告人有期徒刑 1 年、6 个月，拘役 3 个月并处罚金的刑罚，符合罪责刑相适应的基本原则。其中被告人李某甲不仅使用“瘦肉精”饲料喂养自己的肉牛，还将剩余的“瘦肉精”饲料销售给陈某某，其行为在 3 名被告人中社会危害性最大，应当在同一基本刑内科处相较于另外两名被告人更重的刑罚。陈某甲在本次犯罪中并未参与“瘦肉精”的买卖，仅对陈某某用“瘦肉精”饲养肉牛起到了同意或默许的作用，其犯罪情节相对轻微，且能够认罪悔罪，人民法院认为对其适用缓刑不会对其居住的社区产生重大不良影响，并基于其犯罪事实、性质、情节和对于社会的危害程度适用缓刑并附加禁止令。这种让罪犯回归社会而采取非监禁刑的刑罚方式，更有助于罪犯认罪悔罪并接受改造，在有效惩罚犯罪的同时能够实现保障人权的刑法目的，不仅有助于预防社会中一般民众可能会发生的犯罪行为，也有助于预防罪犯再次实施犯罪行为。

罗某某购买禁用物质盐酸克仑特罗饲喂肉牛案

裁判要旨

明知“瘦肉精”是有毒、有害的非食品原料，仍购买并掺入饲料，喂养用于销售的肉牛，构成生产有毒、有害食品罪。

案件事实与裁判结果

人民法院经审理查明：2018 年 6 月某日，被告人罗某某为提高自家饲养肉牛的瘦肉率和出栏率，在黑龙江省鹤岗市某畜牧市场一男子手中以 5500 元的价格购买了 18.5 千克“瘦肉精”。罗某某在饲养肉牛的过程中，将该物质定量掺入饲料中喂养 4 头肉牛至案发。经检验，4 份牛尿样品中分别检测出盐酸克仑特罗成分。

人民法院根据被告人罗某某的犯罪性质、情节、社会危害后果，依据《刑法》第 144 条的规定，判决如下：被告人罗某某犯生产有毒、有害食品罪，判处有期徒刑 8 个月，并处罚金人民币 3000 元。

评析

根据《刑法》第 144 条的规定,生产有毒、有害食品罪是指在生产、销售的食品中掺入有毒、有害的非食品原料的行为。犯该罪的,处 5 年以下有期徒刑,并处罚金;对人体健康造成严重危害或者有其他严重情节的,处 5 年以上 10 年以下有期徒刑,并处罚金;致人死亡或者有其他特别严重情节的,依照《刑法》第 141 条的规定处罚(处 10 年以上有期徒刑、无期徒刑或者死刑,并处罚金或者没收财产)。

本罪所侵犯的客体包括国家食品安全监督管理制度和不特定多数人的身体健康、生命安全。客观方面表现为在生产、销售的食品中掺入有毒、有害的非食品原料的行为。犯罪主体为一般主体,包括年满 16 周岁的自然人和单位。主观方面表现为故意,即明知是有毒、有害的非食品原料,而掺入自己生产、销售的食品中。过失不构成本罪。本罪是行为犯,只要实施了在生产、销售的食品中掺入有毒、有害的非食品原料的行为,即构成本罪。根据最高人民法院、最高人民检察院 2002 年联合颁布的《关于办理非法生产、销售、使用禁止在饲料和动物饮用水中使用的药品等刑事案件具体应用法律若干问题的解释》第 3 条规定,使用盐酸克仑特罗等禁止在饲料和动物饮用水中使用的药品或者含有该类药品的饲料养殖供人食用的动物,以生产有毒、有害食品罪论处。

根据《刑法》以及相关司法解释的规定,罗某某的行为已经构成生产有毒、有害食品罪,但尚未达到“对人体健康造成严重危害或者有其他严重情节”的程度,因此应在“五年以下有期徒刑”的基本刑幅度内处以合适的刑罚。人民法院在综合考虑全案的犯罪性质、情节以及对社会的危害后果，对罗某某判处 8 个月的有期徒刑并处罚金人民币 3000 元，符合罪责刑相适应的刑法基本原则。

根据《刑法》规定，若要构成本罪，不仅犯罪人的行为在客观上要具备社会危害性，且其主观上要存在故意，满足主客观相统一的原则。在本案中，被告人罗某某辩称自己不知道给肉牛喂食的是有毒、有害食品，即被告人认为自己并不满足犯罪的主观构成要件。但对于被告人主观上是否故意以及是否能构成此罪，并不能仅听被告人一面之词，而应结合案件所有证据综合考虑。在被告人的供述中，其声称“整个交易过程他都小心翼翼的，因为卖这个药犯法，国家不允许用这个药喂牛”，由此可以看出被告人即便对其购买的药并不知晓具体是何种药品，但至少也知道这种药品的买卖违法，对这种药品的有毒、有害性和刑事违法性具有概括性认识，已满足犯罪的主观构成要件。而且，罗某某客观上实施了用“瘦肉精”饲喂肉牛的行为，其行为确已触犯《刑法》第 144 条之生产有毒、有害食品罪。

李某某采购并销售含禁用物质“瘦肉精”的猪肉案

裁判要旨

明知购买的猪肉含有“瘦肉精”的成分仍然购入并销售，构成销售有毒、有害食品罪。

案件事实与裁判结果

人民法院经审理查明：2013 年 6 月至 8 月，被告人李某某明知山东省高密市恒 × 食品有限公司（以下简称恒 × 公司）、三 × 食品有限公司（以下简称三 × 公司）所生产的猪肉含有“瘦肉精”成分并被青岛市黄岛区政府相关主管部门禁止入区销售，为牟取利益，仍多次从上述两公司购入大量无合法合格检验、交易手续的生猪在青岛市黄岛区销售。2013 年 8 月 7 日晚至 8 日凌晨，李某某与司机刘某某从恒 × 公司购入 21 头生猪，从三 × 公司购入 10 头生猪。当日凌晨 3 时许，李某某在青岛市黄岛区销售该批生猪肉时被抓获。经检验，在 3 个样品中检出盐酸克仑特罗，在 29 个样品中检出沙丁胺醇，在 31 个样品中未检出有毒、有害物质。

人民法院依照《刑法》第 52 条、第 53 条、第 144 条之规定,判决如下:被告人李某某犯销售有毒、有害食品罪,判处有期徒刑 1 年,并处罚金人民币 1 万元。涉案车辆,依法发还;涉案生猪肉,由扣押单位依法处理。

评 析

根据《刑法》第 144 条的规定,销售有毒、有害食品罪是指销售明知掺有有毒、有害的非食品原料的食品的行为。犯该罪的,处 5 年以下有期徒刑,并处罚金;对人体健康造成严重危害或者有其他严重情节的,处 5 年以上 10 年以下有期徒刑,并处罚金;致人死亡或者有其他特别严重情节的,依照《刑法》第 141 条的规定处罚(处 10 年以上有期徒刑、无期徒刑或者死刑,并处罚金或者没收财产)。根据最高人民法院、最高人民检察院《关于办理非法生产、销售、使用禁止在饲料和动物饮用水中使用的药品等刑事案件具体应用法律若干问题的解释》第 3 条规定,销售明知是使用盐酸克仑特罗等禁止在饲料和动物饮用水中使用的药品或者含有该类药品的饲料养殖的供人食用的动物的,以销售有毒、有害食品罪追究刑事责任。

本罪所侵犯的客体包括国家食品安全监督管理制度和不特定多数人的身体健康、生命安全。客观方面表现为销售明知掺有有毒、有害的非食品原料的食品的行为。犯罪主体为一般主体,包括年满 16 周岁的自然人和单位。主观方面表现为故意,即明知食品中掺入了有毒、有害的非食品原料,仍然进行销售。

该案中,被告人李某某明知恒×公司和三×公司所产的猪肉含有

“瘦肉精”成分并被青岛市黄岛区政府相关主管部门禁止入区销售,仍为牟取利益,多次从上述两公司购入大量无合法合格检验、交易手续的生猪进行销售,已构成销售有毒、有害食品罪。值得一提的是,本案中辩护人辩称被告人李某某系犯罪未遂,但法院认为,被告人的销售行为业已实施,故对该辩护意见并未采纳。本罪属于抽象危险犯(行为犯),构成本罪并不要求客观上发生实际的危害结果,亦不要求存在具体的危险,行为人只要实施了刑法规定的行为即构成犯罪。对于本案中被告人李某某是否构成犯罪既遂,应当看其是否确已实施了销售含有“瘦肉精”的食品的行为,而非看其是否已经将含有“瘦肉精”的食品全部销售出去,更不需要客观上发生实际的危害结果。综上,被告人李某某明知其销售的生猪含有“瘦肉精”的非食品原料,并且实际实施了销售行为,主客观相统一,其行为构成销售有毒、有害食品罪,并应认定为犯罪既遂。此外,被告人李某某认罪态度良好、无前科劣迹,这些都是法院在定罪量刑时需要参考的酌定量刑情节。法院综合考虑犯罪性质、情节和对社会的危害程度,判处被告人李某某有期徒刑 1 年,并处罚金人民币 1 万元,符合罪责刑相适应原则。

史某某等在生猪屠宰前注射禁用物质沙丁胺醇并销售该猪肉案

裁判要旨

1. 在供人食用的活体动物体内注入有毒、有害的非食品原料并销售的,构成生产、销售有毒、有害食品罪。

2. 犯罪行为的策划者和指使者,在共同犯罪中起主要作用,应认定为主犯;被指使者,在共同犯罪中起次要作用,应认定为从犯,应当从轻或减轻处罚。

案件事实与裁判结果

人民法院经审理查明:2014 年 4 月 11 日至 7 月 3 日,被告人史某某和魏某(在逃)合伙做生猪屠宰买卖,为了使猪肉颜色鲜艳和增加猪肉的重量,被告人史某某、魏某将各自收购的生猪运至共同租用的山西省大同市大同县某养猪场,雇佣被告人麻某某、何某某、薛某某、路某某、杨某某给生猪注药(含有沙丁胺醇、盐酸克仑特罗成分)灌水,再将注药注水后的生猪运至大同县生猪定点屠宰场协助屠宰,后由史某某与魏某各自将猪肉片销售至大同市矿区等地猪肉零售点。在此期间2人共屠宰未经检验检疫生猪3601头，史某某出售的猪肉部分注射盐酸克仑特罗、沙丁胺醇针剂，给不特定人的身体健康造成威胁。

人民法院依据《刑法》第25条、第26条、第27条及第144条，《刑事诉讼法》第236条第1款第1项之规定，认定上述各被告人均构成生产、销售有毒、有害食品罪，依法判决史某某有期徒刑4年，并处罚金人民币2万元；薛某某有期徒刑2年，并处罚金人民币5000元；杨某某有期徒刑1年6个月，并处罚金人民币3000元；麻某某有期徒刑1年，并处罚金人民币2000元；何某某有期徒刑1年，并处罚金人民币2000元；路某某有期徒刑10个月，并处罚金人民币2000元。

评析

《刑法》第144条规定了生产、销售有毒、有害食品罪，即“在生产、销售的食品中掺入有毒、有害的非食品原料的，或者销售明知掺有有毒、有害的非食品原料的食品的，处五年以下有期徒刑，并处罚金；对人体健康造成严重危害或者有其他严重情节的，处五年以上十年以下有期徒刑，并处罚金；致人死亡或者有其他特别严重情节的，依照本法第一百四十一条的规定处罚”。

本罪所侵犯的客体包括国家食品安全监督管理制度和不特定多数人的身体健康、生命安全。客观方面表现为在生产、销售的食品中掺入有毒、有害的非食品原料，或者销售明知掺有有毒、有害的非食品原料的食品的行为。犯罪主体为一般主体，包括年满16周岁的自然人和单位。主观方面表现为故意，即明知是有毒、有害的非食品原料，而掺入自己生产、销售的食品中,或者明知食品中掺入了有毒、有害的非食品原料,仍然进行销售。过失不构成本罪。本罪是选择性罪名,被告人实施了在生产、销售的食品中掺入有毒、有害的非食品原料的行为,或者实施了销售上述有毒、有害的非食品原料的食品的行为,或者上述行为被告人均有所实施,法院根据情况分别定生产有毒、有害食品罪,销售有毒、有害食品罪或生产、销售有毒、有害食品罪,不需要数罪并罚。

依据上述法律规定及刑法理论,被告人史某某、薛某某、麻某某、杨某某、何某某、路某某在生产、销售的食品中添加国家明令禁止的非食品原料并销售,危害人体健康,其行为已构成生产、销售有毒、有害食品罪,且系共同犯罪。在本案中,被告人史某某伙同魏某(在逃)雇佣被告人薛某某、何某某等人对其收购的生猪注药灌水,其作为共同犯罪行为的主要策划者和指使者,在共同犯罪中起主要作用,系主犯。而被告人薛某某、麻某某、杨某某、何某某、路某某作为被指使人,受史某某、魏某委托对生猪进行注药灌水,在共同犯罪中起次要、辅助作用,系从犯,依照《刑法》规定应当从轻或减轻处罚。其中被告人麻某某、杨某某系聋哑人,根据《刑法》第 19 条的规定,"又聋又哑的人或者盲人犯罪,可以从轻、减轻或者免除处罚",法院可以在其法定刑幅度内依照《刑法》的规定从轻、减轻或者免除处罚。此外,被告人史某某、薛某某、麻某某、杨某某、何某某、路某某当庭自愿认罪,人民法院可酌情从轻处罚。

本案中史某某的辩护人提出,检察机关出示的"检验报告"中,仅对现场搜出的粉色药水进行检验,检验结果为含有沙丁胺醇、盐酸克仑特罗成分,但并没有检验出被告人以前出售的猪肉里或现场搜查出的猪体里含有沙丁胺醇、盐酸克仑特罗成分,因此被告人不构成犯罪。

由此引发的问题是:未对被告人所持有的全部食品进行检验即认定其行为构成犯罪的合理性问题。从理论上讲,检验食品中是否含有“瘦肉精”等非食品原料是一个从结果去推断犯罪行为的逻辑推导过程,即若在行为人所持有的食品中检验出有毒、有害的非食品原料,同时有充分的证据能够证明行为人主观上有在生产、销售的食品中掺入有毒、有害的非食品原料或者销售掺有有毒、有害的非食品原料的食品的犯罪故意,则推定行为人实施了“在生产、销售的食品中掺入有毒、有害的非食品原料或者销售掺有有毒、有害的非食品原料的食品”的犯罪行为,继而认定行为人构成犯罪。这是一种事后的、通过证据来还原犯罪全貌的推论过程,依据充分的证据,如物证(当事人持有的含有有毒、有害非食品原料的食品)、证人证言、鉴定意见(检测机关的检测报告),再加上被告人的供述,形成证据链条来尽可能还原被告人的犯罪行为。这种通过证据来还原犯罪行为并定罪的过程,是案件审理证据充分、逻辑严谨、思维缜密、定罪合理的一种体现。但本案中,人民法院并没有依此逻辑进行定罪,并非不能,而是不需要:首先,6 名被告人是正在给活猪灌药注水的过程中被公安机关当场抓获,既为当场抓获,则无须从事后的角度对犯罪现场及行为进行还原。其次,关于灌水的事实,各被告人在侦查期间供认的事实能够相互印证。再次,各被告人还供认,注药注水的生猪分别以不同颜色予以标记,该事实与现场照片所显示查获的生猪有红色、蓝色标记的事实亦能相互印证。此外,还有扣押的手喷漆等物品以及鉴定意见予以佐证。通过这些证据已足以认定犯罪事实,无须再对被告人所持有的活猪进行逐个检验。

蒋某某等在饲料中添加禁用物质莱克多巴胺饲喂生猪并销售案

裁判要旨

在生猪饲料中掺入有毒、有害的非食品原料并销售该生猪的，构成生产、销售有毒、有害食品罪。

案件事实与裁判结果

人民法院经审理查明：2013 年 1 月至 8 月，被告人陈某某、向某甲、向某丙伙同同案人向某乙、刘某乙（均另案处理），在其经营的猪场内饲养生猪时，为牟取非法利益，在猪饲料中违规添加莱克多巴胺（“瘦肉精”的一种）。被告人蒋某某为牟取非法利益，聘请被告人吕某甲、高某甲、张某甲、韦某甲、胡某甲等人，在其经营的“小×饲料店”生产饲料的过程中放任陈某某、向某乙等人违规添加莱克多巴胺，并将上述饲料销售给陈某某、向某乙等人用于喂养生猪。经鉴定，陈某某、向某乙的猪场分别检出大猪食槽料样品中有莱克多巴胺，猪尿样品中莱克多巴胺成分检测呈阳性；蒋某某饲料厂的猪饲料样本中检出莱克多巴胺。陈某某、向某甲的猪场缴获涉案猪共 163 头,价值 308,960 元;向某乙、向某丙的猪场缴获涉案猪共 400 头,价值 751,840 元。

2013 年 7 月,被告人蒋某某在其经营的猪场,为牟取非法利益,明知从周某(另案处理)的猪场送来的饲料中违规添加了莱克多巴胺,仍指使张某乙(另案处理)用上述饲料喂养猪。经鉴定,被告人蒋某某的猪场提取的猪尿样品中莱克多巴胺成分检测呈阳性。猪场缴获涉案猪共 210 头,价值 256,900 元。

人民法院依据《刑法》第 25 条、第 26 条、第 27 条及第 144 条,《刑事诉讼法》第 236 条第 1 款第 1 项之规定,认定上述各被告人均构成生产、销售有毒、有害食品罪,依法判处被告人蒋某某有期徒刑 8 年,并处罚金 60 万元;陈某某有期徒刑 6 年,并处罚金 62 万元;向某丙有期徒刑 5 年 6 个月,并处罚金 3 万元;向某甲有期徒刑 3 年,并处罚金 1 万元;吕某甲有期徒刑 1 年 2 个月,并处罚金 7000 元;胡某甲有期徒刑 1 年 2 个月,并处罚金 5000 元;高某甲有期徒刑 1 年 2 个月,并处罚金 5000 元;张某甲有期徒刑 1 年 2 个月,并处罚金 5000 元;韦某甲有期徒刑 1 年 2 个月,并处罚金 3000 元。

评　析

《刑法》第 144 条规定了生产、销售有毒、有害食品罪,即“在生产、销售的食品中掺入有毒、有害的非食品原料的,或者销售明知掺有有毒、有害的非食品原料的食品的,处五年以下有期徒刑,并处罚金;对人体健康造成严重危害或者有其他严重情节的,处五年以上十年以下有期徒刑,并处罚金;致人死亡或者有其他特别严重情节的,依照本法第一百四十一条的规定处罚”。

本罪所侵犯的客体包括国家食品安全监督管理制度和不特定多数人的身体健康、生命安全。客观方面表现为在生产、销售的食品中掺入有毒、有害的非食品原料,或者销售明知掺有有毒、有害的非食品原料的食品的行为。犯罪主体为一般主体,包括年满16周岁的自然人和单位。主观方面表现为故意,即明知是有毒、有害的非食品原料,而掺入自己生产、销售的食品中,或者明知食品中掺入了有毒、有害的非食品原料,仍然进行销售。过失不构成本罪。本罪是选择性罪名,被告人实施了在生产、销售的食品中掺入有毒、有害的非食品原料的行为,或者实施了销售上述有毒、有害的非食品原料的食品的行为,抑或上述行为被告人均有所实施,根据具体情况分别认定为生产有毒、有害食品罪,销售有毒、有害食品罪或生产、销售有毒、有害食品罪,不需要数罪并罚。

本案属于典型的生产、销售有毒、有害食品罪的共同犯罪。被告人蒋某某先后参与两宗犯罪,但因为其所实施的两次犯罪行为触犯的是同一个罪名,即均为生产、销售有毒、有害食品罪,因此无须进行数罪并罚,只须认定为一罪并将数行为的涉案金额累计计算,继而确定其所应当适用的法定刑。在本案中,蒋某某先后参与的两宗犯罪的犯罪金额在累计计算后,达到了“情节特别严重”的程度,应在“十年以上有期徒刑、无期徒刑或者死刑”的幅度内适用自由刑。但是,被告人蒋某某在第一宗犯罪中仅起次要和辅助作用,属于从犯,应当对该宗犯罪从轻、减轻或者免除处罚。蒋某某归案后能如实供述第二宗罪行,虽然供述的罪行为司法机关尚未掌握的罪行,但因其供述的第二个罪行与司法机关已掌握的(第一宗犯罪)属同种罪行,不能认定为自首,但可以酌情对该宗犯罪从轻处罚。综合考虑犯罪性质、情节、对社会的危害程度以及被告人系从犯等各种从轻、减轻的量刑情节，在8年至10年的幅度内适用刑罚，符合罪责刑相适应的基本原则。被告人陈某某、向某丙、向某甲属于第一宗犯罪中的共犯，其中向某丙、向某甲在该宗犯罪中所起的作用较小，是从犯，依法应当从轻、减轻或者免除处罚。而陈某某在该宗犯罪中所起的作用相较于其他被告人较大，不能认定为从犯，但其归案后能够如实供述自己的罪行，属坦白，法院可以依法酌定从轻处罚。在综合考虑犯罪性质、情节、对社会的危害程度以及被告人从犯、坦白等各种从轻、减轻量刑情节的基础上，对3名被告人分别判处6年、5年6个月、3年的有期徒刑并处以罪刑相适应的罚金刑。而吕某甲、高某甲、张某甲、韦某甲、胡某甲5人在本案共同犯罪中属于被组织者，其5人是经过蒋某某的授意和指使而实施的犯罪行为，所起到的作用相较于前述4名被告要更小一些，亦属从犯，依法应当从轻、减轻或者免除处罚。此外，法院对该5名被告人判处的刑罚，应明显低于上述4名被告人，才能将犯罪性质的恶劣与否、情节严重程度的高和低、对社会危害性的大与小的差异化通过量刑体现出来，做到轻罪行、轻处罚，重罪行、重处罚的差异化量刑，进而做到罪责刑相适应。

李某甲购买禁用物质盐酸克仑特罗饲喂生猪并销售案

裁判要旨

1. 在饲料中掺入盐酸克仑特罗等非食品原料喂养生猪并销售的，构成生产、销售有毒、有害食品罪。

2. 被告人虽然如实供认了犯罪事实，但没有自动投案这一情节，不成立一般自首。

案件事实与裁判结果

人民法院经审理查明：2008 年 12 月，被告人李某甲开始经营安徽省淮北市 × × 养猪场，并负责猪饲料配制及日常猪场管理。2014 年 9 月底的一天，李某甲从一姓名不详的男子手中以 160 元的价格购买了一袋白色粉末状物质（系盐酸克仑特罗，俗称“瘦肉精”），后李某甲在猪饲料中掺入盐酸克仑特罗进行配制用于喂养育肥生猪。12 月 20 日，李某甲以每斤 6.7 元的价格将 129 头生猪出售给徐某某，销售金额计 219,611 元。其中，李某乙驾车拉运的 59 头生猪运至江苏省无锡市××食品有限公司，金额约为9万元。经检测，该59头生猪中的20份生猪尿样含盐酸克仑特罗，39份猪肝样品结果中有31份含盐酸克仑特罗。2014年12月21日，有关部门对淮北市××养猪场剩余的243头生猪随机抽取猪尿液进行检测，结果呈阳性。

人民法院依据《刑法》第144条之规定，判决如下：被告人李某甲犯生产、销售有毒、有害食品罪，判处有期徒刑3年，并处罚金人民币20万元。

评　析

《刑法》第144条规定了生产、销售有毒、有害食品罪，即“在生产、销售的食品中掺入有毒、有害的非食品原料的，或者销售明知掺有有毒、有害的非食品原料的食品的，处五年以下有期徒刑，并处罚金；对人体健康造成严重危害或者有其他严重情节的，处五年以上十年以下有期徒刑，并处罚金；致人死亡或者有其他特别严重情节的，依照本法第一百四十一条的规定处罚”。

本罪所侵犯的客体包括国家食品安全监督管理制度和不特定多数人的身体健康、生命安全。客观方面表现为在生产、销售的食品中掺入有毒、有害的非食品原料，或者销售明知掺有有毒、有害的非食品原料的食品的行为。犯罪主体为一般主体，包括年满16周岁的自然人和单位。主观方面表现为故意，即明知是有毒、有害的非食品原料，而掺入自己生产、销售的食品中，或者明知食品中掺入了有毒、有害的非食品原料，仍然进行销售。过失不构成本罪。

2002年，最高人民法院、最高人民检察院联合颁布《关于办理非法生产、销售、使用禁止在饲料和动物饮用水中使用的药品等刑事案件具体应用法律若干问题的解释》，其中对于使用盐酸克仑特罗的行为性质作出了明确规定，即使用盐酸克仑特罗等禁止在饲料和动物饮用水中使用的药品或者含有该类药品的饲料养殖供人食用的动物，或者销售明知是使用该类药品或者含有该类药品的饲料养殖的供人食用的动物的，以生产、销售有毒、有害食品罪论处。

本案中，被告人李某甲违反国家食品卫生管理法规，使用盐酸克仑特罗用于供人食用的生猪饲料配制、养殖，并销售含有盐酸克仑特罗的生猪，销售金额约 9 万元，其行为已构成生产、销售有毒、有害食品罪。由于其行为尚未达到“对人体健康造成严重危害或者有其他严重情节”的加重情形，因此应在“五年以下有期徒刑”的基本刑幅度内处以适当的刑罚。法院综合考虑全案的犯罪性质、情节以及对社会的危害后果，对李某甲判处 3 年有期徒刑，并处罚金人民币 20 万元，符合罪责刑相适应原则。

本案中的辩护人提出，被告人供述其知道不应给生猪喂养来路不明的药品及危害后果，且自愿认罪，虽然没有供述明知该药品是“瘦肉精”，但仍应认定其如实供述，其行为构成自首，建议对其从轻处罚。关于自首，《刑法》第 67 条有着明确的规定：“犯罪以后自动投案，如实供述自己的罪行的，是自首。对于自首的犯罪分子，可以从轻或者减轻处罚。其中，犯罪较轻的，可以免除处罚。被采取强制措施的犯罪嫌疑人、被告人和正在服刑的罪犯，如实供述司法机关还未掌握的本人其他罪行的，以自首论。”上述法律分别规定了一般自首和特别自首两种类型。在本案中，案发前被告人并非属于“被采取强制措施的犯罪嫌疑人、被告人和正在服刑的罪犯”，因此排除特别自首的适用。而对于被告人能否成立一般自首的问题，认定行为人具有一般自首情节的前提条件之一是：行为人在犯罪事实或者其本人未被司法机关发觉,或者虽被发觉,但行为人尚未受到讯问、未被采取强制措施时,主动、直接向公安机关、人民检察院或者人民法院投案(《最高人民法院关于处理自首和立功具体应用法律若干问题的解释》)。本案中,侦查机关根据报案及时出警对李某甲进行口头传唤,李某甲虽如实供认了犯罪事实,但没有自动投案这一情节,因此被告人李某甲的行为不能认定为自首。但被告人在被动归案后,能够如实供述司法机关已经掌握的自己的罪行,并接受国家司法机关的审查和裁判,应认定为坦白,人民法院可以依法从宽处罚。

林某某等采购并销售无检疫证明的、含禁用物质莱克多巴胺的牛肉案

裁判要旨

1. 明知牛肉冻品未经检验检疫仍对外销售，后经检验含有有毒、有害的非食品原料的，可以推定行为人明知是掺有有毒、有害的非食品原料的食品而销售，因而可以构成销售有毒、有害食品罪。

2. 明知牛肉冻品没有相符的动物检验(检疫)合格证明文件，仍为其提供仓储服务的，可以构成销售有毒、有害食品罪的帮助犯(从犯)。

案件事实与裁判结果

人民法院经审理查明：被告人姚某某、林某某系上海市邵×水产冻品行的负责人，雇佣被告人杨某某等人于2015年起对外销售牛肉冻品。被告人林某某、姚某某购买没有动物检验(检疫)合格证明的牛肉，在邵×水产冻品行对外销售，并储存在上海市某冷藏公司租赁的两个库位。被告人杨某某明知邵×水产冻品行购进的牛肉没有动

物检验(检疫)合格证明仍对外销售。被告人张某某系该冷藏公司冷库负责人,明知邵×水产冻品行储存在该公司冷库的牛肉冻品没有相符的动物检验(检疫)合格证明文件,仍为其提供储存场地。

2015年7月30日,上海市公安局普陀分局会同上海市普陀区市场监督管理局在对邵×水产冻品行及租赁的某冷藏公司的两个库位进行检查时,分别查获3499.7千克和10,817.22千克无检验(检疫)合格证明的牛肉,共计14,316.92千克。在邵×水产冻品行被查获的1295.7千克牛肉中检验出莱克多巴胺成分;在邵×水产冻品行租赁的某冷藏公司库位内被查获的3017.1千克牛肉中检验出莱克多巴胺成分。

人民法院依照《刑法》第25条、第26条、第27条、第64条、第72条、第144条,最高人民法院、最高人民检察院《关于办理危害食品安全刑事案件适用法律若干问题的解释》第20条第2款之规定,认定被告人均构成销售有毒、有害食品罪,依法判处被告人林某某有期徒刑3年6个月,并处罚金人民币10万元;姚某某有期徒刑4年6个月,并处罚金人民币12万元;杨某某有期徒刑2年,并处罚金人民币2万元;张某某有期徒刑1年,缓刑1年,并处罚金人民币1万元。禁止被告人张某某在缓刑考验期限内从事食品生产、销售及相关活动。被告人张某某回到社区后,应当遵守法律、法规,服从监督管理,接受教育,完成公益劳动,做一名有益社会的公民。扣押在案的牛肉依法没收。

评 析

根据《刑法》第144条的规定,销售有毒、有害食品罪是指销售明知掺有有毒、有害的非食品原料的食品的行为。犯该罪的,处5年以下有期徒刑，并处罚金；对人体健康造成严重危害或者有其他严重情节的，处5年以上10年以下有期徒刑，并处罚金；致人死亡或者有其他特别严重情节的，依照《刑法》第141条的规定处罚（处10年以上有期徒刑、无期徒刑或者死刑，并处罚金或者没收财产）。根据最高人民法院、最高人民检察院《关于办理非法生产、销售、使用禁止在饲料和动物饮用水中使用的药品等刑事案件具体应用法律若干问题的解释》第3条规定，销售明知是使用盐酸克仑特罗等禁止在饲料和动物饮用水中使用的药品或者含有该类药品的饲料养殖的供人食用的动物的，以销售有毒、有害食品罪追究刑事责任。

本罪所侵犯的客体包括国家食品安全监督管理制度和不特定多数人的身体健康、生命安全。客观方面表现为销售明知掺有有毒、有害的非食品原料的食品的行为。犯罪主体为一般主体，包括年满16周岁的自然人和单位。主观方面表现为故意，即明知食品中掺入了有毒、有害的非食品原料，仍然进行销售。过失不构成本罪。本罪是行为犯，只要实施了销售明知掺有有毒、有害的非食品原料的食品的行为，即构成本罪。

本案属于典型的销售有毒、有害食品罪的共同犯罪，且存在较为明确的分工。其中被告人姚某某、林某某是邵×水产冻品行的负责人，负责店铺的总体运营。其明知购买的牛肉没有动物检验（检疫）合格证明，仍然购买并对外销售，主客观相统一，其行为满足“销售明知掺有有毒、有害的非食品原料的食品”的罪状，已构成销售有毒、有害食品罪。2人是店铺的负责人，不仅自己销售没有动物检验（检疫）合格证明的牛肉，还雇佣杨某某，授意、指使其销售没有动物检验（检疫）合格证明的牛肉，在共同犯罪中起主要作用，系主犯。对2名被告人的量刑应在“五年以下有期徒刑”的基本刑幅度内适用自由刑。被告人杨某某虽然是被雇佣人,在共同犯罪中所起的作用相较于林某某、姚某某要小一些,但因其是实际销售行为的实施者,且存在明知店铺购进的牛肉没有动物检验(检疫)合格证明仍对外销售的主观故意,亦构成销售有毒、有害食品罪,且系主犯。当然,虽同为主犯,但其作用相对小于被告人林某某、姚某某,因而量刑应适当低于被告人林某某、姚某某。被告人张某某并未实际实施有毒、有害食品的销售行为,但其明知牛肉冻品没有相符的动物检验(检疫)合格证明文件,仍为姚某某、林某某储存该批牛肉,属于共同犯罪中的帮助行为,但因其在共同犯罪中仅起辅助作用(帮助储存牛肉),应认定为从犯,依法应当从轻、减轻或者免除处罚。人民法院综合考量被告人张某某的犯罪性质、情节、对社会的危害程度以及悔罪表现后,认为暂缓执行其原判刑罚没有再犯罪的危险且不会对被告人居住的社区产生重大不良影响,因而对被告人适用缓刑并宣告禁止令。采取社区矫正这种非监禁刑罚代替时间不长的有期徒刑,不仅有利于节约司法资源,减轻看守所、监狱等刑罚执行机关的压力,亦有利于被告人改过自新,避免因监禁而导致其难以适应社会的情况。

郑某甲采购并销售无检疫证明的、含禁用物质莱克多巴胺的进口冷冻牛肉案

裁判要旨

销售含有有毒、有害的非食品原料的食品，构成销售有毒、有害食品罪。对于一部分已销售，一部分尚未销售的，全案按照既遂处罚，未销售部分即未遂部分可以作为量刑情节考虑。

案件事实与裁判结果

人民法院经审理查明：2015 年 9 月 26 日，浙江省乐清市市场监督管理局执法人员配合公安民警，在被告人郑某甲加工场内查获了 147 袋未销售的冷冻牛肉，在冷冻仓库内查获冷冻牛肉 74 箱。经检验，查获的冷冻牛肉中检出莱克多巴胺 6.6ug/kg。经查证，2010 年以来，郑某甲在乐清市家中从事肉牛屠宰以及生牛肉销售，2013 年开始加工牛肉销售。2015 年 4 月至 9 月 26 日，郑某甲向他人购买未经检验检疫的进口冷冻牛肉 120 箱以上，每箱 40 余斤。郑某甲将购买来的冷冻牛肉加工后按每斤 60 元以上的价格销售，每斤冷冻牛肉加工后约

等于0.4斤熟牛肉,已经售卖的部分,销售金额为41,280元。

人民法院依照《刑法》第144条,最高人民法院、最高人民检察院《关于办理危害食品安全刑事案件适用法律若干问题的解释》第20条第2款之规定,判决如下:被告人郑某甲构成销售有毒、有害食品罪,判处有期徒刑1年6个月,缓刑2年,并处罚金人民币10万元。追缴被告人郑某甲违法所得人民币41,280元,予以没收,上缴国库。扣押的冷冻牛肉,予以没收。被告人郑某甲在缓刑考验期内,不得从事与食品生产销售相关的生产经营活动。

评析

《刑法》第144条规定了生产、销售有毒、有害食品罪,其中的销售有毒、有害食品罪是指销售明知掺有有毒、有害的非食品原料的食品的行为。犯该罪的,处5年以下有期徒刑,并处罚金;对人体健康造成严重危害或者有其他严重情节的,处5年以上10年以下有期徒刑,并处罚金;致人死亡或者有其他特别严重情节的,依照《刑法》第141条的规定处罚(处10年以上有期徒刑、无期徒刑或者死刑,并处罚金或者没收财产)。根据最高人民法院、最高人民检察院《关于办理非法生产、销售、使用禁止在饲料和动物饮用水中使用的药品等刑事案件具体应用法律若干问题的解释》第3条规定,销售明知是使用盐酸克仑特罗等禁止在饲料和动物饮用水中使用的药品或者含有该类药品的饲料养殖的供人食用的动物的,以销售有毒、有害食品罪追究刑事责任。

本罪所侵犯的客体包括国家食品安全监督管理制度和不特定多数人的身体健康、生命安全。客观方面表现为销售明知掺有有毒、有害的非食品原料的食品的行为。犯罪主体为一般主体,包括年满16周岁的自然人和单位。主观方面表现为故意,即明知食品中掺入了有毒、有害的非食品原料,仍然进行销售。过失不构成本罪。本罪是行为犯,只要实施了销售明知掺有有毒、有害的非食品原料的食品的行为,即构成本罪,不需要造成特定的危害结果。

根据上述法律、司法解释和刑法理论,在本案中,被告人郑某甲购买未经检验检疫的进口冷冻牛肉并在加工后进行销售,其行为已符合销售有毒、有害食品罪的客观构成要件,但对于行为人主观方面是否存在故意,还须结合全案进行综合判断。虽然被告人对于该批牛肉是否含有“瘦肉精”等有毒、有害的非食品原料并非有确切的、清晰的认识,但被告人作为一个多年从事食品销售的从业者,应当清楚地知道销售的牛肉要经过检验检疫合格后才能进入市场。被告人在知晓相关规定的情况下仍然购买未经检验检疫的进口冷冻牛肉并销售,主观上至少存在放任的心态,即被告人不可能未认识到该批未经检验检疫的牛肉可能含有有毒、有害的非食品原料,而放任结果的发生,因此被告人主观上亦符合销售有毒、有害食品罪的构成要件,从而构成销售有毒、有害食品罪。

需要注意的是,生产、销售有毒、有害食品罪中会出现部分犯罪既遂、部分犯罪未遂的情况,对此要结合具体案情分别进行处理:若被告人既遂与未遂分别存在于不同的罪名,同时构成两罪,那么就按照一罪既遂、一罪未遂,两罪进行数罪并罚的方式处理;若被告人既遂和未遂的情节存在于同一罪名中,则该罪认定为既遂,即便有部分未遂也不会影响全罪既遂的成立,但未遂部分可以作为从轻减轻的量刑情节考虑,继而确定该罪的刑罚。

本案中被告人销售的牛肉,部分已经进入市场销售出去,已经售卖的部分销售金额为41,280元,对于该部分认定为既遂。还有一部分仍然储存在被告人的冷冻仓库中,价值在7.3万元(按加工成熟牛肉的价格计算),该部分可认定为未遂。鉴于既遂和未遂部分在同一个量刑幅度,全案按照既遂处罚,未遂部分作为量刑情节考虑。此外,被告人郑某甲因其认错、悔罪态度良好,人身危险性不大,暂缓执行其原判刑罚没有再犯罪的危险且不会对其居住的社区产生重大不良影响,可以对其适用缓刑,在适用缓刑的同时可以宣告禁止令,禁止被告人从事与所犯罪行相关的工作等。

黄某甲等销售含禁用物质莱克多巴胺的走私牛肉案

裁判要旨

明知是未经检验检疫的牛肉仍然进口并销售,事后检测出莱克多巴胺成分的,可能同时触犯走私普通货物、物品罪与销售有毒、有害食品罪,应按照牵连犯的处罚原则定罪处罚。

案件事实与裁判结果

人民法院经审理查明:被告人黄某甲是深圳市某批发商行负责人,被告人黄某丙、黄某乙、郑某、刘某甲、吴某均是该商行员工。2015年5月起,黄某甲伙同庄某某(因本案在逃)从香港特别行政区走私未经内地检验检疫的牛肉至广东省深圳市销售,并租赁该批发商行,作为销售走私牛肉的中转站。庄某某出资,黄某甲则通过被告人王某、钟某、刘某乙等人组织多名水客接货带货,将储存于香港特别行政区某仓库的牛肉,以藏匿于随身背包或行李箱内的方式,经深圳海关口岸走私至深圳市该批发商行,并按照每千克人民币12元的价格给予水客报酬。黄某甲每天从庄某某处获得人民币 1000 元的报酬,其雇佣被告人黄某丙、黄某乙、郑某、刘某甲、吴某等人,在该商行从事核对水客走私牛肉单据、点货、搬货等工作,并用面包车将收到的牛肉运至本市销售。2015 年 8 月 9 日,黄某丙运输走私牛肉时被公安民警抓获,当场从其驾驶的车辆中缴获涉案牛肉 723 块。经检验,该批牛肉含有莱克多巴胺成分(“瘦肉精”的一种)。

人民法院依照《刑法》第 25 条、第 26 条、第 27 条、第 64 条、第 72 条及第 144 条之规定,认定上述被告人均构成销售有毒、有害食品罪,依法判处被告人黄某甲有期徒刑 1 年,并处罚金人民币 3000 元;黄某乙有期徒刑 10 个月,并处罚金人民币 1000 元;黄某丙有期徒刑 10 个月,缓刑 1 年,并处罚金人民币 1000 元;郑某有期徒刑 10 个月,并处罚金人民币 1000 元;刘某甲有期徒刑 10 个月,缓刑 1 年,并处罚金人民币 1000 元;吴某有期徒刑 10 个月,并处罚金人民币 1000 元;钟某有期徒刑 10 个月,并处罚金人民币 1000 元;王某有期徒刑 10 个月,并处罚金人民币 1000 元;刘某乙有期徒刑 10 个月,缓刑 1 年,并处罚金人民币 1000 元。缴获的涉案牛肉等予以没收,交有关部门依法销毁;缴获的人民币 7.9 万元依法没收,上缴国库。

评 析

《刑法》第 144 条规定了生产、销售有毒、有害食品罪,其中的销售有毒、有害食品罪是指销售明知掺有有毒、有害的非食品原料的食品的行为。犯该罪的,处 5 年以下有期徒刑,并处罚金;对人体健康造成严重危害或者有其他严重情节的,处 5 年以上 10 年以下有期徒刑,并处罚金;致人死亡或者有其他特别严重情节的,依照《刑法》第 141

条的规定处罚(处 10 年以上有期徒刑、无期徒刑或者死刑,并处罚金或者没收财产)。根据最高人民法院、最高人民检察院《关于办理非法生产、销售、使用禁止在饲料和动物饮用水中使用的药品等刑事案件具体应用法律若干问题的解释》第 3 条规定,销售明知是使用盐酸克仑特罗等禁止在饲料和动物饮用水中使用的药品或者含有该类药品的饲料养殖的供人食用的动物的,以销售有毒、有害食品罪追究刑事责任。

本罪所侵犯的客体包括国家食品安全监督管理制度和不特定多数人的身体健康、生命安全。客观方面表现为销售明知掺有有毒、有害的非食品原料的食品的行为。犯罪主体为一般主体,包括年满 16 周岁的自然人和单位。主观方面表现为故意,即明知食品中掺入了有毒、有害的非食品原料,仍然进行销售。过失不构成本罪。

本案属于销售有毒、有害食品罪的共同犯罪。黄某甲、黄某乙、黄某丙、郑某、刘某甲、吴某、钟某、王某、刘某乙均为本案的共同犯罪人。其中,黄某甲不仅为该批发商行负责人,而且其他被告人皆与其有着直接联系,均受雇于其。黄某甲雇用、授意、指挥其他被告人实施犯罪行为,在共同犯罪中所起的作用较大,因此在量刑上应当与其他被告人有所差异。而其他被告人受雇于被告人黄某甲,其中黄某甲通过被告人王某、钟某、刘某乙组织多名水客接货带货,授意、指使被告人黄某丙、黄某乙、郑某、刘某甲、吴某在商行从事核对水客走私牛肉单据、点货、搬货等工作,上述被告人仅起到次要、辅助作用,是一种帮助犯罪行为,其刑罚较之于被告人黄某甲也应当轻一些。

需要注意的是,本案还涉及另一个罪名,即走私普通货物、物品罪。该罪名规定于《刑法》第 153 条:“走私本法第一百五十一条、第一百五十二条、第三百四十七条规定以外的货物、物品的,根据情节轻重,分别依照下列规定处罚:(一)走私货物、物品偷逃应缴税额较大或者一年内曾因走私被给予二次行政处罚后又走私的,处三年以下有期徒刑或者拘役,并处偷逃应缴税额一倍以上五倍以下罚金。(二)走私货物、物品偷逃应缴税额巨大或者有其他严重情节的,处三年以上十年以下有期徒刑,并处偷逃应缴税额一倍以上五倍以下罚金。(三)走私货物、物品偷逃应缴税额特别巨大或者有其他特别严重情节的,处十年以上有期徒刑或者无期徒刑,并处偷逃应缴税额一倍以上五倍以下罚金或者没收财产。单位犯前款罪的,对单位判处罚金,并对其直接负责的主管人员和其他直接责任人员,处三年以下有期徒刑或者拘役;情节严重的,处三年以上十年以下有期徒刑;情节特别严重的,处十年以上有期徒刑。对多次走私未经处理的,按照累计走私货物、物品的偷逃应缴税额处罚。”最高人民法院、最高人民检察院 2014 年《关于办理走私刑事案件适用法律若干问题的解释》第 16 条第 1 款也对本罪的起刑标准作了详细的规定:“走私普通货物、物品,偷逃应缴税额在十万元以上不满五十万元的,应当认定为刑法第一百五十三条第一款规定的‘偷逃应缴税额较大’。”本案尚没有证据证实偷逃应缴税额达到 10 万元以上,因而并不构成走私普通货物、物品罪。倘若有证据证实偷逃应缴税额达到 10 万元以上,则构成走私普通货物、物品罪与销售有毒、有害食品罪的牵连犯,一般择一重罪处罚即可。

刘某某、丁某某、李某某等人在生猪屠宰前非法注射禁用物质沙丁胺醇案

裁判要旨

1. 明知沙丁胺醇是有毒有害的非食品原料，为牟取非法利益，仍将其注射入待售生猪体内并销售的，构成生产、销售有毒、有害食品罪。

2. 明知他人从事猪肉生产、销售，仍将沙丁胺醇销售给他人，属于为他人生产、销售有毒、有害食品提供帮助的行为，可以构成生产、销售有毒、有害食品罪的帮助犯。

案件事实与裁判结果

人民法院经审理查明：2013 年 10 月，被告人郭某某在位于安徽省亳州市的家中私自屠宰生猪并销售。为牟取非法利益，郭某某购买禁用物质沙丁胺醇（“瘦肉精”的一种），向待屠宰生猪注射，并对注射过的生猪强制灌水，以增加屠宰后的猪肉重量。然后将含有沙丁胺醇的猪肉对外销售，销售金额达 20 余万元。经检验，在郭某某家中提取

的猪肉、猪肝中均检出了沙丁胺醇,均为不合格食品。另查明,郭某某明知刘某某从事猪肉生产、销售,为谋取非法利益,自 2012 年 8 月至 2013 年年底,以每瓶 1000 元的价格先后多次销售给刘某某沙丁胺醇,为刘某某生产、销售有毒、有害食品提供帮助。

被告人刘某某、丁某某、李某某等人多年从事生猪屠宰、销售,2012 年 3 人开始合作经营。2012 年 8 月至 2014 年 3 月,刘某某、丁某某、李某某开始向待宰生猪注射禁用物质沙丁胺醇,并对注射过的生猪强制灌水,以增加猪肉重量。刘某某负责购买沙丁胺醇,并从河南收购生猪运送至亳州市丁某某、李某某家中,雇佣朱某向待宰生猪注射沙丁胺醇,丁某某等人负责屠宰并对外销售,李某某负责记账。经检验,在丁某某家中提取的猪肉、猪心中检出沙丁胺醇,均为不合格食品。经审计,在丁某某屠宰点销售的不合格生猪价值达 1166.7833 万元。

2014 年 2 月至 3 月,朱某明知刘某某等人向待宰生猪注射沙丁胺醇,仍受雇于刘某某,向待宰生猪注射沙丁胺醇后强制灌水。刘某甲明知刘某某从事猪肉生意,仍于 2013 年年底以 4000 元价格向刘某某出售沙丁胺醇一次。

人民法院依照《刑法》第 25 条、第 26 条、第 27 条、第 64 条、第 68 条及第 144 条之规定,认定各被告人均构成生产、销售有毒、有害食品罪,判处被告人刘某某有期徒刑 14 年,并处罚金人民币 30 万元;丁某某有期徒刑 13 年,并处罚金人民币 20 万元;李某某有期徒刑 9 年,并处罚金人民币 20 万元;郭某某有期徒刑 9 年,并处罚金人民币 20 万元;刘某甲有期徒刑 2 年,并处罚金人民币 10 万元;朱某有期徒刑 2 年,并处罚金人民币 10 万元;对各被告人的违法所得予以追缴,扣押在案的作案工具予以没收。

评析

《刑法》第144条规定了生产、销售有毒、有害食品罪,即"在生产、销售的食品中掺入有毒、有害的非食品原料的,或者销售明知掺有有毒、有害的非食品原料的食品的,处五年以下有期徒刑,并处罚金;对人体健康造成严重危害或者有其他严重情节的,处五年以上十年以下有期徒刑,并处罚金;致人死亡或者有其他特别严重情节的,依照本法第一百四十一条的规定处罚"。

本罪所侵犯的客体包括国家食品安全监督管理制度和不特定多数人的身体健康、生命安全。客观方面表现为在生产、销售的食品中掺入有毒、有害的非食品原料,或者销售明知掺有有毒、有害的非食品原料的食品的行为。犯罪主体为一般主体,包括年满16周岁的自然人和单位。主观方面表现为故意,即明知是有毒、有害的非食品原料,而掺入自己生产、销售的食品中,或者明知食品中掺入了有毒、有害的非食品原料,仍然进行销售。过失不构成本罪。

该案是典型的生产、销售有毒、有害食品罪的共同犯罪案件,但本案中被告人的犯罪行为相互交织,结构较为复杂。首先,被告人郭某某实际上参与了两宗犯罪,但两宗犯罪所触犯的是同一罪名,因此无须数罪并罚,而应当就其实施犯罪的性质、情节、金额等进行综合计算和考量,以一罪定罪处罚即可。第一宗犯罪为自然人个人犯罪,犯罪行为是郭某某明知沙丁胺醇是有毒有害的非食品原料,仍向待售生猪体内注射并销售,且金额达到20余万元,属于《刑法》第144条规定的"有其他严重情节",应在"五年以上十年以下有期徒刑"的量刑幅度内适用自由刑。其所参与的第二宗犯罪属于分工明确的共同犯罪。

在第二宗犯罪中,刘某某负责购买“瘦肉精”,分别从郭某某与刘某甲两人处多次购买沙丁胺醇,郭某某与刘某甲明知被告人刘某某从事猪肉的生产、销售,仍将沙丁胺醇销售给刘某某,属于为他人生产、销售有毒、有害食品提供帮助,系帮助犯,但这种帮助行为在该宗犯罪中只起到辅助作用,因而应当认定为从犯,依照法律应当从轻、减轻或者免除处罚。其中,刘某甲以4000元价格向刘某某出售沙丁胺醇一次,而郭某某以每瓶1000元的价格先后多次销售给刘某某沙丁胺醇,虽都属从犯,但刘某甲仅实施了一次出售行为,其行为的性质、情节之恶劣程度都要轻于郭某某,因此对刘某甲的处刑也应当比郭某某轻一些。人民法院在对案件进行综合考虑后,最终判处郭某某9年有期徒刑(包含两宗罪行),判处刘某甲2年有期徒刑,符合罪责刑相适应的刑法基本原则。

第二宗犯罪中的其他4名被告人,有着明晰的分工,学理上称之为复杂共同犯罪。被告人刘某某负责购买沙丁胺醇,并雇用他人对待售的生猪注射沙丁胺醇并强制灌水,以增加猪肉重量来牟取非法利益;丁某某负责屠宰注射过沙丁胺醇后的生猪并对外销售;李某某负责记账;朱某甲则是受刘某某之雇,向待宰生猪注射沙丁胺醇后强制灌水。其中,被告人刘某某与丁某某是犯罪行为的主要实施者,系主犯。被告人李某某在共同犯罪中起辅助作用(记账),系从犯,依法应当从轻、减轻或者免除处罚。而朱某甲虽是犯罪行为的实际实施者,但因其协助的时间仅有1个月左右,仅应对相应时间段内实施的犯罪行为承担刑事责任。被告人刘某某、丁某某、李某某不顾公共安全,只为贪图私欲,涉案金额已达到“有其他特别严重情节”的程度,应在“十年以上有期徒刑、无期徒刑、死刑”的量刑幅度内适用自由刑,因而分别被判处14年、13年、9年的有期徒刑[1],符合罪责刑相适应原则。

---

① 李某某之所以在10年有期徒刑以下的幅度内量刑,是因为其是从犯,可以减轻处罚。

孙某采购并销售无检疫证明的、含禁用物质“瘦肉精”的羊肉案

裁判要旨

1. 明知没有检验检疫证明的禽畜产品不允许收购、销售，且该禽畜产品事后检测含有“瘦肉精”，而仍然非法购进并销售的，构成销售有毒、有害食品罪。

2. 因前罪被判处有期徒刑以上刑罚，刑罚执行完毕以后，在5年以内再犯销售有毒、有害食品罪，应当判处有期徒刑以上刑罚的，符合一般累犯的构成要件，对于后罪即销售有毒、有害食品罪应当从重处罚。

案件事实与裁判结果

人民法院经审理查明：被告人孙某伙同金某某（在逃）在明知没有检验检疫证明的禽畜产品不允许收购、销售的情况下，向尹某某（另案处理）非法购进1万余斤未经检疫、含有“瘦肉精”的羊胴体进行销售，牟取非法利益。该批未经检疫的羊胴体已经销售6000余斤，

每斤售价约 15.5 元。

人民法院依照《刑法》第 52 条、第 53 条、第 64 条、第 65 条、第 144 条之规定，判决如下：被告人孙某犯销售有毒、有害食品罪，判处有期徒刑 3 年，并处罚金 23.5 万元；随案移送被告人孙某人民币 125,838 元，其中违法所得 9.3 万元依法没收，余款 32,838 元折抵罚金。羊胴体 79 个计 3785 斤依法予以销毁。

评 析

《刑法》第 144 条规定了生产、销售有毒、有害食品罪，其中的销售有毒、有害食品罪是指销售明知掺有有毒、有害的非食品原料的食品的行为。犯该罪的，处 5 年以下有期徒刑，并处罚金；对人体健康造成严重危害或者有其他严重情节的，处 5 年以上 10 年以下有期徒刑，并处罚金；致人死亡或者有其他特别严重情节的，依照《刑法》第 141 条的规定处罚（处 10 年以上有期徒刑、无期徒刑或者死刑，并处罚金或者没收财产）。根据最高人民法院、最高人民检察院《关于办理非法生产、销售、使用禁止在饲料和动物饮用水中使用的药品等刑事案件具体应用法律若干问题的解释》第 3 条规定，销售明知是使用盐酸克仑特罗等禁止在饲料和动物饮用水中使用的药品或者含有该类药品的饲料养殖的供人食用的动物的，以销售有毒、有害食品罪追究刑事责任。

本罪所侵犯的客体包括国家食品安全监督管理制度和不特定多数人的身体健康、生命安全。客观方面表现为销售明知掺有有毒、有害的非食品原料的食品的行为。犯罪主体为一般主体，包括年满 16 周岁的自然人和单位。主观方面表现为故意，即明知食品中掺入了有毒、有害的非食品原料，仍然进行销售。过失不构成本罪。

根据《刑法》、相关司法解释的规定，本案中被告人孙某伙同金某某(在逃)在明知没有检验检疫证明的禽畜产品不允许收购、销售的情况下，向尹某某非法购进1万余斤未经检疫、含有“瘦肉精”的羊胴体进行销售，牟取非法利益，其行为已构成销售有毒、有害食品罪。在本案中，孙某向尹某某购买的羊肉为未经检疫合格、含有“瘦肉精”的食品并予以销售的行为尚未达到“对人体健康造成严重危害或者有其他严重情节”的加重情形，因此应在“五年以下有期徒刑”的基本刑幅度内适用自由刑。因此，人民法院判处孙某有期徒刑3年并处罚金。

需要注意的是，本案中孙某于2011年12月因犯参加黑社会性质组织罪、行贿罪、强迫交易罪被判处有期徒刑2年3个月，并处罚金3万元，2012年2月26日刑满释放。现因涉嫌销售有毒、有害食品罪于2016年7月26日被抓获，根据《刑法》第65条对一般累犯制度的规定：“被判处有期徒刑以上刑罚的犯罪分子，刑罚执行完毕或者赦免以后，在五年以内再犯应当判处有期徒刑以上刑罚之罪的，是累犯，应当从重处罚。”孙某2012年刑满释放与2016年的本次犯罪相隔时间未超过5年且两次均为被判处有期徒刑以上刑罚的故意犯罪，符合一般累犯的构成要件，因此应当从重处罚。在本案中，孙某系自愿认罪，但此自愿认罪并非属于自首，而是被告人被动归案后如实供述自己被司法机关所指控的罪行，性质上应当属于坦白，人民法院可以在量刑上酌情从宽处罚。在程序上，《刑事诉讼法》规定了认罪认罚从宽制度，可以由司法机关和被告人进行充分的沟通协商，被告人在认罪认罚的基础上可以签署认罪认罚具结书，以认罪认罚来换取量刑的减轻。

冷某某等收购并销售含禁用物质莱克多巴胺的走私牛肉案

裁判要旨

在认定被告人对销售有毒、有害食品行为是否“明知”时，应该综合全案证据认定其主观心态，进而认定其是否构成销售有毒、有害食品罪。

案件事实与裁判结果

人民法院经审理查明：2017 年 4 月 19 日，公安人员在上海市宝山区某甲冷库和某乙仓库内查获牛肉约 32.7 吨，并当场抓获被告人王某某。上述被查获的牛肉产品中 2.2 余吨(价值人民币 10 万余元)含有莱克多巴胺(“瘦肉精”的一种)成分。被告人冷某某于同年 5 月 26 日被民警抓获。经查证，冷某某在担任某食品(上海)有限公司负责人期间，为牟取非法利益，2017 年 2 月中旬至 4 月，向他人购买大量无质量合格证明、检验检疫证明的美国、加拿大走私牛肉存放在上述两个仓库内，并结伙王某某等人在宝山区某乙仓库内安排工人将走私牛肉外包装上的外文标识擦去并改包装后放入某食品(上海)有限公司包装箱中,按照正规牛肉出售至本市多家餐饮企业。

人民法院依照《刑法》第25条第1款、第64条、第67条第3款、第144条之规定,认定被告人冷某某和王某某均构成销售有毒、有害食品罪,判处冷某某有期徒刑2年6个月,并处罚金人民币20万元;王某某有期徒刑1年6个月,并处罚金人民币10万元。扣押在案的有毒有害食品予以没收。

评 析

《刑法》第144条规定了生产、销售有毒、有害食品罪,其中的销售有毒、有害食品罪是指销售明知掺有有毒、有害的非食品原料的食品的行为。犯该罪的,处5年以下有期徒刑,并处罚金;对人体健康造成严重危害或者有其他严重情节的,处5年以上10年以下有期徒刑,并处罚金;致人死亡或者有其他特别严重情节的,依照《刑法》第141条的规定处罚(处10年以上有期徒刑、无期徒刑或者死刑,并处罚金或者没收财产)。根据最高人民法院、最高人民检察院《关于办理非法生产、销售、使用禁止在饲料和动物饮用水中使用的药品等刑事案件具体应用法律若干问题的解释》第3条规定,销售明知是使用盐酸克仑特罗等禁止在饲料和动物饮用水中使用的药品或者含有该类药品的饲料养殖的供人食用的动物的,以销售有毒、有害食品罪追究刑事责任。

本罪所侵犯的客体包括国家食品安全监督管理秩序和不特定多数人的身体健康、生命安全。犯罪主体为一般主体,包括年满16周岁的自然人和单位,具体包括从事食品生产销售的个人、企业、对单位直接负责的主管人员或其他直接责任人员。客观方面表现为销售明知掺有有毒、有害的非食品原料的食品的行为。主观方面表现为故意，构成本罪的，要求“明知”其销售的食品系“掺有有毒、有害的非食品原料的食品”。过失不构成本罪。

本案中，被告人结伙销售明知掺有有毒、有害的非食品原料的食品，价值人民币10万余元，其行为均已构成销售有毒、有害食品罪，但尚不属于“有其他严重情节”，应在“五年以下有期徒刑”的幅度内适用自由刑。被告人冷某某、王某某到案后如实供述自己的罪行，可依法从轻处罚，但是，根据本案性质和社会危害性，不宜对2名被告人适用缓刑。因此，法院综合考虑各种从轻因素，在1年至3年的幅度内适用自由刑，符合罪责刑相适应的基本原则。

根据《刑法》规定，“明知”其销售的食品是“掺有有毒、有害的非食品原料的食品的”，才构成销售有毒、有害食品罪。如果不“明知”其销售的食品系“掺有有毒、有害的非食品原料的食品的”，不构成销售有毒、有害食品罪。司法实践中判断“明知”，可以重点从以下几个方面考察：(1)买卖双方的成交价格是否明显低于市场中间价格。(2)进货渠道是否正当。(3)买卖、交接食品的方式以及时间地点是否正常。(4)行为人对食品的认识程度。(5)是否在有关部门禁止或发出安全预警的情况下继续生产、销售，等等。本案中，被告人冷某某为某食品(上海)有限公司负责人，专门从事食品销售行业，对涉案牛肉来源、无检疫证明情况都是清楚的，应当认识到其销售的牛肉可能含有毒、有害物质，仍进行销售，主观上持放任心态，因此应认定其“明知”销售的食品是有毒、有害的食品，进而可以构成本罪。

王某某、汪某某收购并销售无检疫证明的、含禁用物质“瘦肉精”的肉牛案

裁判要旨

生产、销售有毒、有害食品罪是选择性罪名，具体定罪时，不仅要考虑行为人所实施的具体行为，还要考虑行为人所实施行为的具体对象。

案件事实与裁判结果

人民法院经审理查明：被告人王某某欲收购1车肉牛销往浙江省金华市，于是先在某市检疫站刘某某处违规获得《动物检疫合格证明》，后分别于2017年1月16日在高安市某肉牛市场收购7头肉牛、1月17日在被告人汪某某牛场收购11头水牛。汪某某明确告诉王某某该11头牛有一部分使用了“瘦肉精”饲养，王某某为了获取非法利益，明知有肉牛食用了“瘦肉精”，仍继续收购。在未经检验检疫的情况下，王某某将该18头肉牛装车后准备运往浙江省金华市进行销售，后被查获。经检测，该批肉牛中的部分肉牛涉嫌使用禁用物质，牛

的尿液中检测出含有盐酸克仑特罗成分。

人民法院依照《刑法》第72条第1款和第3款、第144条之规定，判决如下：被告人王某某犯销售有毒、有害食品罪，判处有期徒刑7个月，并处罚金人民币18万元。被告人汪某某犯生产、销售有毒、有害食品罪，判处拘役3个月，缓刑6个月，并处罚金人民币4万元。

评析

《刑法》第144条规定了生产、销售有毒、有害食品罪，即"在生产、销售的食品中掺入有毒、有害的非食品原料的，或者销售明知掺有有毒、有害的非食品原料的食品的，处五年以下有期徒刑，并处罚金；对人体健康造成严重危害或者有其他严重情节的，处五年以上十年以下有期徒刑，并处罚金；致人死亡或者有其他特别严重情节的，依照本法第一百四十一条的规定处罚"。

本罪所侵犯的客体包括国家食品安全监督管理秩序和不特定多数人的身体健康、生命安全。犯罪主体为一般主体，包括年满16周岁的自然人和单位，具体包括从事食品生产销售的个人、企业、对单位直接负责的主管人员或其他直接责任人员。本罪是行为犯，客观方面表现为在生产、销售的食品中掺入有毒、有害的非食品原料（生产有毒、有害食品）的行为，或者销售明知掺有有毒、有害的非食品原料的食品（销售有毒、有害食品）的行为。对于行为犯，只要实施了相应行为，均应依法追究刑事责任。主观方面表现为故意，既包括直接故意（希望），也包括间接故意（放任），即故意在食品中掺入有毒、有害的非食品原料，或者故意在销售的食品中掺入有毒、有害的非食品原料，或者明知是掺有有毒、有害的非食品原料的食品而予以销售。行为人实施本罪一般具有牟利目的，不过牟利目的不是本罪的构成要件。

根据上述法律、司法解释和刑法理论，在本案中，被告人王某某销售明知使用盐酸克仑特罗等禁止在饲料中使用的药品养殖供人食用的动物，其行为已构成销售有毒、有害食品罪；被告人汪某某使用盐酸克仑特罗等禁止在饲料中使用的药品养殖供人食用的动物并进行销售，其行为已构成生产、销售有毒、有害食品罪。被告人王某某自愿认罪，对其可酌情从轻处罚。人民法院综合考虑各种从轻因素，认定被告人王某某犯销售有毒、有害食品罪，判处有期徒刑7个月；被告人汪某某犯生产、销售有毒、有害食品罪，判处拘役3个月，缓刑6个月。

生产、销售有毒、有害食品罪是选择性罪名，选择具体罪名时，不仅要考虑行为人所实施行为的具体对象，还要考虑行为人所实施的具体行为。本案中被告人王某某仅实施了收购掺有盐酸克仑特罗等有毒、有害成分的肉牛并销售的行为，并没有实施在生产、销售的肉牛中掺入盐酸克仑特罗等有毒、有害的非食品原料的行为（生产有毒、有害食品的行为），因此仅构成销售有毒、有害食品罪，检察机关指控被告人王某某犯生产、销售有毒、有害食品罪罪名不当。而被告人汪某某不仅实施了在生产、销售的肉牛中掺入盐酸克仑特罗等有毒、有害的非食品原料的行为（生产有毒、有害食品的行为），而且将该批掺有盐酸克仑特罗等有毒、有害的非食品原料的肉牛进行销售（销售有毒、有害食品的行为），因而既构成生产有毒、有害食品罪，又构成销售有毒、有害食品罪，由于本罪是选择性罪名，因此应认定为生产、销售有毒、有害食品罪。

于某某使用禁用物质盐酸克仑特罗饲喂肉牛案

裁判要旨

1. 生产有毒、有害食品罪是行为犯,行为是否足以严重危害人体健康或者造成了中毒事故等严重后果,不影响犯罪成立。

2. 被告人在畜牧站例行抽检出肉牛尿液呈阳性后、司法机关介入前,如实交代生产有毒、有害食品的犯罪事实,可以认定为自首。

案件事实与裁判结果

人民法院经审理查明:2017 年 7 月至 8 月,被告人于某某在饲养肉牛过程中,明知盐酸克仑特罗("瘦肉精"的一种)属于国家禁止在饲料和动物饮用水中使用的药品,仍使用盐酸克仑特罗喂养肉牛,准备出售。2017 年 8 月 10 日,有关部门工作人员到于某某的牛场抽检时发现 14 头育肥牛尿液样本盐酸克仑特罗项目全部显示为阳性,工作人员采集 3 号、5 号牛舍 118 头育肥牛尿液样本检测,其中 66 头育肥牛盐酸克仑特罗检测结果呈阳性。随后将尿液样本送检,结果所检盐酸克仑特罗项目有64个不符合《禁止在饲料和动物饮用水中使用的药物品种目录》(农业部公告第176号)标准要求,检验结论为不合格。经依法鉴定,该64头肉牛价值人民币754,400元。

人民法院依照《刑法》第67条第1款、第144条及《中华人民共和国食品安全法》(以下简称《食品安全法》)第135条第2款之规定,判决如下:被告人于某某犯生产有毒、有害食品罪,判处有期徒刑8年,并处罚金人民币160万元。被告人于某某终身不得从事食品生产经营管理工作,也不得担任食品生产经营企业食品安全管理人员。

评析

《刑法》第144条规定了生产、销售有毒、有害食品罪。该罪是选择性罪名,其中的生产有毒、有害食品罪是指在生产、销售的食品中掺入有毒、有害的非食品原料的行为。犯该罪的,处5年以下有期徒刑,并处罚金;对人体健康造成严重危害或者有其他严重情节的,处5年以上10年以下有期徒刑,并处罚金;致人死亡或者有其他特别严重情节的,依照《刑法》第141条的规定处罚(处10年以上有期徒刑、无期徒刑或者死刑,并处罚金或者没收财产)。

本罪所侵犯的客体包括国家食品安全监督管理秩序和不特定多数人的身体健康、生命安全。犯罪主体为一般主体,包括年满16周岁的自然人和单位,具体包括从事食品生产销售的个人、企业、对单位直接负责的主管人员或其他直接责任人员。客观方面表现为在生产、销售的食品中掺入有毒、有害的非食品原料的行为。主观方面表现为故意,行为人实施本罪一般具有牟利目的,不过牟利目的不是本罪的构成要件。本罪是行为犯,对于行为犯,只要实施了相应行为,均应依法追究刑事责任。

本案中，被告人于某某使用违禁品盐酸克仑特罗饲养肉牛，其中有 64 头肉牛（价值 754,400 元）不符合《禁止在饲料和动物饮用水中使用的药物品种目录》（农业部公告第 176 号）标准要求，检验结论为不合格。其行为已构成生产有毒、有害食品罪，而且生产金额 50 万元以上属于"致人死亡或者有其他特别严重情节"，应在"十年以上有期徒刑、无期徒刑或者死刑"的幅度适用刑罚。但是被告人于某某在司法机关介入前，在畜牧总站工作人员例行抽检肉牛尿液呈阳性后，便如实交代了其喂食盐酸克仑特罗的犯罪事实，且供述稳定，应当视为自动投案且能如实供述自己的罪行，应当认定具有自首情节。结合本案其他情节，可依法对其减轻处罚。被告人于某某平时表现良好，属初犯、偶犯，认罪态度较好，可酌定从轻处罚。因此，法院综合考虑各种从轻、减轻因素，在 5 年至 10 年的幅度内适用自由刑，符合罪责刑相适应的基本原则。

《食品安全法》第 135 条第 2 款规定："因食品安全犯罪被判处有期徒刑以上刑罚的，终身不得从事食品生产经营管理工作，也不得担任食品生产经营企业食品安全管理人员。"于某某因食品安全犯罪被判处 8 年有期徒刑，根据该规定，终身不得从事食品生产经营管理工作，也不得担任食品生产经营企业食品安全管理人员。

本罪是行为犯，客观方面表现为在生产、销售的食品中掺入有毒、有害的非食品原料的行为。具体包括两种情形：一是在生产的食品中掺入有毒、有害的非食品原料；二是在销售的食品中掺入有毒、有害的非食品原料。只要实施了上述行为就可构成犯罪，行为是否足以严重危害人体健康或者造成了中毒事故等严重后果，不影响犯罪的构成。在本案中，虽然于某某的问题肉牛尚未流入市场，但其已经实施了在生产的食品中掺入有毒、有害的非食品原料的食品的行为,已经构成了生产有毒、有害食品罪。至于其生产金额754,400元,属于“致人死亡或者有其他特别严重情节”,是量刑情节,不影响犯罪构成。

马某某等收购并销售无检疫证、含禁用物质盐酸克仑特罗的羊腔子案

裁判要旨

被告人购进有毒、有害的食品后,在运输过程中尚未来得及销售的部分系销售有毒、有害食品罪的未遂形态,依法可以比照既遂犯从轻或减轻处罚。

案件事实与裁判结果

人民法院经审理查明:2017 年 2 月至 9 月,被告人马某某从王某某处大量购进无检验检疫证明的羊腔子(整羊去皮、去头、去部分内脏)等牛羊肉制品,在自己位于山东省泰安市的某牛羊肉店销售。期间,被告人杨某开始购进被告人马某某无检验检疫证明的羊肉并在泰安市某农贸市场销售。2017 年 9 月 12 日,马某某、杨某销售的羊肉中均检出盐酸克仑特罗。2017 年 9 月 21 日,泰安市公安局民警依法扣押被告人马某某,并从被告人王某某处购进的无检验检疫证明的羊腔子 148 只,共计 6054 斤;经检测,其中 135 只羊腔子检出盐酸克仑特

罗,共计5659斤,价值90,544元。2017年9月20日杨某从被告人马某某处购进无检验检疫证明的羊肉44.9斤、羊排10.6斤,价值1453.6元,在其位于某农贸市场的摊位销售;2017年9月21日泰安市公安局民警在其摊位扣押剩余羊肉9.4斤、羊排2.9斤,经检测被告人杨某销售的羊肉、羊排均检出盐酸克仑特罗。

人民法院依照《刑法》,最高人民法院、最高人民检察院《关于办理危害食品安全刑事案件适用法律若干问题的解释》,最高人民法院、最高人民检察院《关于办理非法生产、销售、使用禁止在饲料和动物饮用水中使用的药品等刑事案件具体应用法律若干问题的解释》及最高人民法院《关于处理自首和立功具体应用法律若干问题的解释》相关规定,认定上述被告人均构成销售有毒、有害食品罪,依法判处王某某有期徒刑2年6个月,并处罚金人民币20万元;判处马某某有期徒刑2年6个月,并处罚金人民币20万元;判处杨某有期徒刑6个月,并处罚金人民币3000元。公安机关扣押被告人马某某的羊腔子、被告人杨某的羊肉羊排,予以没收,由公安机关销毁;被告人王某某退缴的违法所得10万元、被告人马某某退缴的违法所得10万元、被告人杨某退缴的违法所得2000元,予以没收,上缴国库。禁止被告人马某某、王某某、杨某自刑罚执行完毕之日起3年内从事肉制品销售行业。

评 析

《刑法》第144条规定了生产、销售有毒、有害食品罪,其中的销售有毒、有害食品罪是指销售明知掺有有毒、有害的非食品原料的食品的行为。犯该罪的,处5年以下有期徒刑,并处罚金;对人体健康造成严重危害或者有其他严重情节的,处 5 年以上 10 年以下有期徒刑,并处罚金;致人死亡或者有其他特别严重情节的,依照《刑法》第 141 条的规定处罚(处 10 年以上有期徒刑、无期徒刑或者死刑,并处罚金或者没收财产)。根据最高人民法院、最高人民检察院《关于办理非法生产、销售、使用禁止在饲料和动物饮用水中使用的药品等刑事案件具体应用法律若干问题的解释》第 3 条规定,销售明知是使用盐酸克仑特罗等禁止在饲料和动物饮用水中使用的药品或者含有该类药品的饲料养殖的供人食用的动物的,以销售有毒、有害食品罪追究刑事责任。

本罪所侵犯的客体包括国家食品安全监督管理秩序和不特定多数人的身体健康、生命安全。犯罪主体为一般主体,包括年满 16 周岁的自然人和单位,具体包括从事食品生产销售的个人、企业、对单位直接负责的主管人员或其他直接责任人员。本罪是行为犯,客观方面表现为销售明知掺有有毒、有害的非食品原料的食品的行为。对于行为犯,只要实施了相应行为,均应依法追究刑事责任。主观方面表现为故意,包括直接故意和间接故意。行为人实施本罪一般具有牟利目的,不过牟利目的不是本罪的构成要件。

在本案中,被告人王某某、马某某、杨某销售明知掺有有毒、有害的非食品原料的食品,其行为均构成销售有毒、有害食品罪,应在“五年以下有期徒刑”的幅度内适用刑罚。被告人王某某自动投案后,如实供述犯罪事实,系自首,依法可从轻或减轻处罚。被告人马某某购进羊腔子后,在运输过程中被公安机关查扣,系已经着手实行犯罪,由于犯罪分子意志以外的原因而未得逞,属犯罪未遂,依法可以比照既遂犯从轻或减轻处罚。被告人马某某、杨某归案后如实供述犯罪事实,依法可从轻处罚。被告人马某某、王某某、杨某积极缴纳罚金、退缴违法所得，认罪、悔罪态度较好，且系初犯，酌情对其从轻处罚。鉴于被告人马某某、王某某、杨某多次违法销售没有检疫证的羊肉制品，且以往销售的羊肉中曾检出有毒、有害非食品原料，酌情对其从重处罚。因此根据被告人的犯罪事实、性质、情节、认罪态度和对社会的危害程度，法院综合考虑犯罪未遂等各种从轻、减轻、从重情节，在 3 年以下有期徒刑的幅度内适用自由刑，符合罪责刑相适应的基本原则。

赵某某收购并销售无检疫证明的、含有禁用物质盐酸克仑特罗的羊杂案

裁判要旨

在被告人否认其明知销售的食品中掺有有毒、有害的非食品原料的情况下,可以结合案件的各种情节,推定其明知是掺有有毒、有害的非食品原料的食品而予以销售。

案件事实与裁判结果

人民法院经审理查明:2017 年 3 月起,赵某某在任丘市新绿洲时代广场某牛羊汤店担任采购员,负责餐饮原料的采购工作。2017 年 11 月 3 日,被告人赵某某在未提供营业执照和羊杂检验检疫合格证的韩某经营的熟食店内购进羊杂,并在该牛羊汤店中加工销售。2017 年 11 月 6 日,莫某、任某、冯某在食用该牛羊汤店的羊杂汤后出现身体不适,怀疑是因食用羊杂汤所致,遂向任丘市食药监局进行举报,任丘市食药监局介入调查。经检测,该店销售的羊杂汤中含有盐酸克仑特罗成分,含量达 61.2ug/kg。

人民法院依照《刑法》第 67 条第 3 款、第 144 条及最高人民法院、最高人民检察院《关于办理危害食品安全刑事案件适用法律若干问题的解释》第 9 条、第 20 条第 2 项之规定,判决如下:被告人赵某某犯销售有毒、有害食品罪,判处有期徒刑 9 个月,并处罚金人民币 1 万元。

评 析

《刑法》第 144 条规定了生产、销售有毒、有害食品罪,其中的销售有毒、有害食品罪是指销售明知掺有有毒、有害的非食品原料的食品的行为。犯该罪的,处 5 年以下有期徒刑,并处罚金;对人体健康造成严重危害或者有其他严重情节的,处 5 年以上 10 年以下有期徒刑,并处罚金;致人死亡或者有其他特别严重情节的,依照《刑法》第 141 条的规定处罚(处 10 年以上有期徒刑、无期徒刑或者死刑,并处罚金或者没收财产)。根据最高人民法院、最高人民检察院《关于办理非法生产、销售、使用禁止在饲料和动物饮用水中使用的药品等刑事案件具体应用法律若干问题的解释》第 3 条规定,销售明知是使用盐酸克仑特罗等禁止在饲料和动物饮用水中使用的药品或者含有该类药品的饲料养殖的供人食用的动物的,以销售有毒、有害食品罪追究刑事责任。

本罪所侵犯的客体包括国家食品安全监督管理秩序和不特定多数人的身体健康、生命安全。犯罪主体为一般主体,包括年满 16 周岁的自然人和单位,具体包括从事食品生产销售的个人、企业、对单位直接负责的主管人员或其他直接责任人员。本罪客观方面表现为销售明知掺有有毒、有害的非食品原料的食品的行为。主观方面表现为故意,既包括直接故意(希望),也包括间接故意(放任)。过失不构成本罪。行为人实施本罪一般具有牟利目的,不过牟利目的不是本罪的构成要件。

根据上述法律、司法解释和刑法理论,在本案中,被告人赵某某作为食品经营者,在购进羊杂的过程中,违反国家法律规定,未对供货商的经营资格进行审验,亦未向供货商索要相关检验机构出具的检验报告,致使含有盐酸克仑特罗成分的羊杂流入市场,危害他人身体健康,其行为已构成销售有毒、有害食品罪,应在"五年以下有期徒刑"的幅度内适用自由刑。但鉴于被告人赵某某如实供述罪行,认罪态度较好,可从轻处罚。因此,法院综合考虑各种从轻因素,在5年以下有期徒刑的幅度内适用自由刑,符合罪责刑相适应的基本原则。

根据《刑法》规定,本罪的主观方面表现为故意,即明知是掺有有毒、有害的非食品原料的食品而予以销售。被告人曾经辩称不知道采购的是含有盐酸克仑特罗成分的羊杂,因而不构成销售有毒、有害食品罪。但是,食品经营者有义务保障食品的安全性,被告人作为餐饮部门的采购人员,在采购食品过程中,不查验供货商的经营资格,不向供货商索要检验检疫证明,致使含有"瘦肉精"的羊杂流入市场,应推定其明知采购的是含有盐酸克仑特罗成分的羊杂并销售,因而符合本罪的主观构成要件。

张某某购买禁用物质莱克多巴胺饲喂生猪并销售案

裁判要旨

对于被告人辩解的生产、销售的食品中的有毒有害成分不是其故意掺入，而是路人将不明物倒入饲料中，其主观方面属于疏忽大意的过失，可以综合全案证据认定其是否“故意”，进而认定其是否构成生产、销售有毒、有害食品罪。

案件事实与裁判结果

人民法院经审理查明：2015 年 6 月，张某某与丈夫刘某甲注册成立了某家庭农场，从事生猪养殖、销售。2017 年 9 月，张某某将其购买的含有莱克多巴胺（“瘦肉精”的一种）成分的物质拌入饲料中，并饲喂其存栏的生猪。2017 年 9 月 21 日，该县某食品公司员工刘某乙从该农场购买了 32 头生猪，支付了 71，560 元货款。2017 年 9 月 22 日，该县动物检疫站执法人员对该 32 头生猪尿液进行抽样检测，结果“瘦肉精”疑似呈阳性。随后，该县畜牧兽医局责成张某某和刘某甲召回了上述32头生猪，并将该32头生猪和其存栏的133头处于不同生长期的生猪予以就地扣押。2017年9月26日，该县畜牧兽医局执法人员从该被扣押的165头生猪中随机抽取生猪尿液样本5份，经检验莱克多巴胺的含量分别为6.89ug/L、3.33ug/L、4.72ug/L、3.58ug/L和2.09ug/L。

人民法院依照《刑法》第144条及最高人民法院、最高人民检察院《关于办理非法生产、销售、禁止使用在饲料和动物饮水中使用的药品等刑事案件具体应用法律若干问题的解释》第3条、第6条之规定，判决如下：被告人张某某犯生产、销售有毒、有害食品罪，判处有期徒刑3年，并处罚金人民币1万元。

评 析

《刑法》第144条规定了生产、销售有毒、有害食品罪，即“在生产、销售的食品中掺入有毒、有害的非食品原料的，或者销售明知掺有有毒、有害的非食品原料的食品的，处五年以下有期徒刑，并处罚金；对人体健康造成严重危害或者有其他严重情节的，处五年以上十年以下有期徒刑，并处罚金；致人死亡或者有其他特别严重情节的，依照本法第一百四十一条的规定处罚”。

本罪所侵犯的客体包括国家食品安全监督管理秩序和不特定多数人的身体健康、生命安全。犯罪主体为一般主体，包括年满16周岁的自然人和单位，具体包括从事食品生产销售的个人、企业、对单位直接负责的主管人员或其他直接责任人员。客观方面表现为在生产、销售的食品中掺入有毒、有害的非食品原料（生产有毒、有害食品）的行为，或者销售明知掺有有毒、有害的非食品原料的食品（销售有毒、有害食品)的行为。主观方面表现为故意,既包括直接故意(希望),也包括间接故意(放任)。过失不构成本罪。

根据上述法律、司法解释和刑法理论,在本案中,被告人张某某使用禁止在饲料中使用的莱克多巴胺养殖供人食用的动物并销售,其行为已构成生产、销售有毒、有害食品罪。扣押的165头生猪,除已经销出后被召回的32头外,另133头生猪处于不同生长期(其中仔猪97头),检察机关按销出生猪的每头平均价值估算销售金额不科学,因此不能认定“有其他严重情节”,应在“五年以下有期徒刑”幅度内适用自由刑。被告人张某某当庭自愿认罪,可酌情从轻处罚。因此,法院综合考虑从轻因素,判处张某某3年有期徒刑,并处罚金。

根据刑法规定,本罪的主观方面表现为故意,认识因素上必须是明知自己的行为会产生危害社会的结果,意志因素上必须是希望或者放任危害结果的发生。该处的“明知”是知道或者应当知道,包括对行为本身的认识、对行为结果的认识、对危害行为和危害结果相联系的其他犯罪构成要素的认识等。在判定行为人是否明知时,只需行为人对自己行为的危害后果有概括的认识,不要求行为人对所添加物质的化学性质及毒性有具体的了解。被告人的辩护人提出不构成本罪的理由之一是,被告人对于在饲料中添加“莱克多巴胺”的客观事实,主观上系疏忽大意的过失,并不是故意。认定是否“故意”,不能仅以被告人的辩解为依据,而应结合全案证据予以认定。在本案中,张某某关于“莱克多巴胺”来源的辩解(路人将不明物倒入饲料中)不具有合理性,且缺乏证据佐证,有避重就轻之嫌,因为一名养殖生猪多年的饲养员不可能轻易让路人将不明物倒入饲料中。因此,应认定其故意在生产、销售的食品中掺入有毒、有害的非食品原料,可以构成本罪。

陶某某在饲料中添加禁用物质“瘦肉精”饲喂绵羊案

裁判要旨

对于被告人辩解的生产的食品中的有毒、有害成分不是其故意掺入，而是卖羊人提供的饲料含有毒、有害成分，可以综合全案证据认定其是否“故意”，进而认定其是否构成生产有毒、有害食品罪。

案件事实与裁判结果

人民法院经审理查明：2016 年 6 月始，被告人陶某某在河北省沧县某养殖场饲养绵羊。2018 年2 月7 日下午，沧县畜牧水产中心工作人员对陶某某养殖场饲养的绵羊尿液进行抽样检测，检测结果为盐酸克仑特罗呈阳性，疑似喂食“瘦肉精”。2 月 8 日，执法人员在邵某工厂院内对陶某某转移至此的 600 多只绵羊依法扣押，并抽取 13 只活羊进行屠宰后，取样送检的羊肝 11 份、羊尿 2 份，均含有盐酸克仑特罗成分；屠宰其他 529 只绵羊取样送检，检测结果全部含有盐酸克仑特罗成分。2018 年 4 月 10 日，公安机关对陶某某养殖场搅拌池内依法提取、扣押的草料进行检测，也检测出含有盐酸克仑特罗成分。上述屠宰的529只不合格的绵羊重16,750千克，案发时市场价格每斤11元至12元。

人民法院依照《刑法》第52条、第53条、第61条、第144条，最高人民法院、最高人民检察院《关于办理危害食品安全刑事案件适用法律若干问题的解释》第6条、第17条，《刑事诉讼法》第236条第1款第1项之规定，判决如下：被告人陶某某犯生产有毒、有害食品罪，判处有期徒刑7年，并处罚金人民币80万元。

评　析

《刑法》第144条规定了生产、销售有毒、有害食品罪。本罪是选择性罪名，其中的生产有毒、有害食品罪是指在生产、销售的食品中掺入有毒、有害的非食品原料的行为。犯该罪的，处5年以下有期徒刑，并处罚金；对人体健康造成严重危害或者有其他严重情节的，处5年以上10年以下有期徒刑，并处罚金；致人死亡或者有其他特别严重情节的，依照《刑法》第141条的规定处罚（处10年以上有期徒刑、无期徒刑或者死刑，并处罚金或者没收财产）。

本罪所侵犯的客体包括国家食品安全监督管理秩序和不特定多数人的身体健康、生命安全。犯罪主体为一般主体，包括年满16周岁的自然人和单位，具体包括从事食品生产销售的个人、企业、对单位直接负责的主管人员或其他直接责任人员。客观方面表现为在生产、销售的食品中掺入有毒、有害的非食品原料的行为。主观方面表现为故意，包括直接故意和间接故意，过失不构成本罪。本罪是行为犯，只要实施了相应行为，均应依法追究刑事责任。

在本案中,被告人陶某某在养殖场饲养绵羊过程中,掺入有毒、有害的盐酸克仑特罗,其饲养的542只绵羊检测结果均含有盐酸克仑特罗,其行为已构成生产有毒、有害食品罪,而且属于“有其他严重情节”,应在“五年以上十年以下有期徒刑”的幅度内适用自由刑。但是,陶某某没有前科劣迹,涉案问题羊尚未流入市场销售,法院综合陶某某犯罪的事实、性质、情节和对社会的危害程度,判决被告人陶某某犯生产有毒、有害食品罪,判处有期徒刑7年,符合罪责刑相适应的基本原则。

根据《刑法》规定,只有故意在生产的食品中掺入有毒、有害的非食品原料,或者故意在销售的食品中掺入有毒、有害的非食品原料,才构成生产有毒、有害食品罪。如果不是“故意”掺入有毒、有害的非食品原料的,则不构成生产有毒、有害食品罪。辩护人提出被告人不构成本罪的理由之一是,被告人不知道这批羊有问题,饲料是从卖羊人手中一并购买的,属于误喂。人民法院没有采纳该辩护意见。在本案中,被告人关于“含有瘦肉精的饲料”来源的供述有避重就轻之嫌,且前后供述不一致,可信度极低。作为养殖羊的专业人员,对涉案羊的来源、无检疫证情况都是清楚的,应当意识到其饲料和饲养的活羊可能含有毒、有害物质,因此应认定其“明知”生产的食品系有毒、有害的食品,进而可以构成本罪。

回某某销售含有禁用物质盐酸克仑特罗的羊副产品致人中毒案

裁判要旨

对于被告人辩解不“明知”是有毒、有害的食品而销售的，可以综合全案证据认定其是否“明知”，进而认定其是否构成销售有毒、有害食品罪。

案件事实与裁判结果

人民法院经审理查明：2017 年 8 月 29 日 9 时左右，被害人李某甲、李某乙、李某丙 3 人在刘某某（另案处理）、王某某（另案处理）经营的“××羊汤店”内食用羊汤后，将剩余羊汤带回家中，由其父亲李某丁食用，后李某甲、李某乙、李某丙、李某丁 4 人不同程度出现心跳加速、手脚抖动、压气等不良反应，于当日被送至沧州市人民医院进行诊治。李某甲、李某乙、李某丙住院治疗，李某丁急诊检查，李某甲、李某乙的血液、尿液中均检测出盐酸克仑特罗。8 月 30 日，沧县食品药品监督管理局执法人员在“××羊汤店”内对其经营的羊内脏进行了采样、送检,经检测,采样的羊内脏样品中检查出盐酸克仑特罗的含量152.638ug/kg,检验结论为不合格。此批次羊副产品均从回某某处购进,致使被害人李某甲等人食用后食物中毒。9月27日,民警在“××羊汤店”内扣押羊副产品250斤,经检测均含有盐酸克仑特罗。其中,“××羊汤店”从回某某处购进的为羊脸、羊肝、羊脑及羊肺。

人民法院依照《刑法》第52条、第53条、第61条、第144条之规定,判决如下:被告人回某某犯销售有毒、有害食品罪,判处有期徒刑1年6个月,并处罚金人民币4000元。

评 析

《刑法》第144条规定了生产、销售有毒、有害食品罪,其中的销售有毒、有害食品罪是指销售明知掺有有毒、有害的非食品原料的食品的行为。犯该罪的,处5年以下有期徒刑,并处罚金;对人体健康造成严重危害或者有其他严重情节的,处5年以上10年以下有期徒刑,并处罚金;致人死亡或者有其他特别严重情节的,依照《刑法》第141条的规定处罚(处10年以上有期徒刑、无期徒刑或者死刑,并处罚金或者没收财产)。根据最高人民法院、最高人民检察院《关于办理非法生产、销售、使用禁止在饲料和动物饮用水中使用的药品等刑事案件具体应用法律若干问题的解释》第3条规定,销售明知是使用盐酸克仑特罗等禁止在饲料和动物饮用水中使用的药品或者含有该类药品的饲料养殖的供人食用的动物的,以销售有毒、有害食品罪追究刑事责任。

本罪所侵犯的客体包括国家食品安全监督管理秩序和不特定多数人的身体健康、生命安全。犯罪主体为一般主体,包括年满16周岁的自然人和单位,具体包括从事食品生产销售的个人、企业、对单位直接负责的主管人员或其他直接责任人员。客观方面表现为销售明知掺有有毒、有害的非食品原料的食品的行为。主观方面表现为故意,即明知是掺有有毒、有害的非食品原料的食品而予以销售。本罪是行为犯,只要实施了相应行为的,均应依法追究刑事责任。

被告人回某某明知其销售的羊副产品没有检验检疫,仍予以销售含有盐酸克仑特罗的羊副产品,造成被害人李某甲、李某乙、李某丙、李某丁住院治疗,其行为已构成销售有毒、有害食品罪,应在“5 年以下有期徒刑”的幅度内适用自由刑。但是被告人回某某自愿认罪,可酌情从轻处罚。

根据《刑法》规定,“明知”其销售的食品系“掺有有毒、有害的非食品原料的食品的”,才构成销售有毒、有害食品罪。如果不“明知”其销售的食品系“掺有有毒、有害的非食品原料的食品的”,不构成销售有毒、有害食品罪。被告人回某某辩解的理由之一是,其主观上并不知道羊副产品有毒而去销售,即不“明知”其销售的食品系有毒、有害的食品。但是,认定是否“明知”,不能仅以被告人的辩解为依据,而应结合全案证据予以认定。司法实践中判断“明知”,可从以下几个方面考察:(1)买卖双方的成交价格是否明显低于市场中间价格。(2)进货渠道是否正当。(3)买卖、交接食品的方式以及时间地点是否正常。(4)行为人对食品的认识程度。(5)是否在有关部门禁止或发出安全预警的情况下继续生产、销售。(6)行为人的年龄、经历、学识、职业、职务、职责、素质等方面,等等。在本案中,回某某作为多年从事食品销售的专业人员,明知其销售的羊副产品没有检验检疫,仍予以销售含有盐酸克仑特罗的羊副产品,造成被害人李某甲、李某乙、李某丙、李某丁住院治疗,因此应认定其“明知”销售的食品系有毒、有害的食品,进而可以构成本罪。

杨某甲、杨某乙等收购并育肥无检疫证明的、含禁用物质“瘦肉精”的肉牛案

裁判要旨

行为人对生产的有毒、有害食品尚未进入销售环节的辩解，不影响生产有毒、有害食品罪的犯罪构成。

案件事实与裁判结果

人民法院经审理查明：2018 年 1 月 2 日，内蒙古某旗农牧业局接到群众举报称养牛屠宰户杨某甲使用“瘦肉精”喂牛。1 月 3 日，该农牧业局对当事人养殖场所进行了现场检查。养殖场内未发现禁用物质。现场有 23 头牛，对其中的 18 头育肥牛、槽料、饲料及喂牛的水进行了查封、扣押，并抽取了 2 头牛的尿液样品连同现场扣押的槽料、饲料、水样品送检。结果为送检尿液样品中含“瘦肉精”成分，槽料、饲料和水未检出违禁品。当日下午，负责饲养的杨某乙看管失当，其中 1 头育肥牛跑出牛舍丢失。晚上，杨某甲将扣押中 1 头怀崽的母牛用其又购买的其他牛调换，将怀崽母牛卖到集市换回 1 头牛宰杀出售。

2018年1月5日，该农牧业局对养殖现场内23头牛进行打耳标、抽取尿液样品送检，结果为9头牛尿液含有“瘦肉精”成分。经鉴定，该9头牛的市场价格为55,200元。2018年1月20日，该农牧业局依法将该9头牛进行无害化宰杀处理。经查，杨某甲在贩卖牲畜集市上购买的牛未有检疫证明，收购回来后未到动物防疫部门进行报检。

人民法院依照《刑法》第25条第1款、第26条第1款和第4款、第27条、第52条、第53条、第67条第3款、第144条之一，最高人民法院、最高人民检察院《关于办理非法生产、销售、使用禁止在饲料和动物饮用水中使用的药品等刑事案件具体应用法律若干问题的解释》第4条之规定，认定被告人杨某甲、杨某乙均构成生产有毒、有害食品罪，依法判处杨某甲有期徒刑1年6个月，并处罚金人民币2万元；杨某乙有期徒刑6个月，并处罚金人民币5000元。

评 析

根据《刑法》第144条的规定，生产有毒、有害食品罪是指在生产、销售的食品中掺入有毒、有害的非食品原料的行为。犯该罪的，处5年以下有期徒刑，并处罚金；对人体健康造成严重危害或者有其他严重情节的，处5年以上10年以下有期徒刑，并处罚金；致人死亡或者有其他特别严重情节的，依照《刑法》第141条的规定处罚（处10年以上有期徒刑、无期徒刑或者死刑，并处罚金或者没收财产）。根据最高人民法院、最高人民检察院2002年《关于办理非法生产、销售、使用禁止在饲料和动物饮用水中使用的药品等刑事案件具体应用法律若干问题的解释》第3条的规定，使用盐酸克仑特罗等禁止在饲料和动物饮用水中使用的药品或者含有该类药品的饲料养殖供人食用的动物,以生产有毒、有害食品罪论处。

本罪所侵犯的客体包括国家食品安全监督管理秩序和不特定多数人的身体健康、生命安全。犯罪主体为一般主体,包括年满16周岁的自然人和单位,具体包括从事食品生产销售的个人、企业、对单位直接负责的主管人员或其他直接责任人员。主观方面表现为故意,即故意在食品中掺入有毒、有害的非食品原料,或者故意在销售的食品中掺入有毒、有害的非食品原料。客观方面表现为在生产、销售的食品中掺入有毒、有害的非食品原料的行为。本罪是行为犯,对于行为犯,只要实施了相应行为的,均应依法追究刑事责任。

根据上述法律、司法解释和刑法理论,在本案中,被告人杨某甲在牲畜集市上购买的牛未有检疫证明,收购回来后未到动物防疫部门进行报检;被告人杨某甲、杨某乙明知购买的牛含有“瘦肉精”成分,仍继续喂养,其行为已构成生产有毒、有害食品罪。被告人杨某甲、杨某乙共同故意实施犯罪的行为构成共同犯罪,在共同犯罪中,被告人杨某甲起主要作用,系主犯,应按照其所参与或组织、指挥的全部犯罪处罚;杨某乙起次要作用,系从犯,依法应当从轻、减轻处罚。2名被告人如实供述自己罪行,可以从轻处罚。法院综合各种从轻因素,判处杨某甲有期徒刑1年6个月,判处杨某乙有期徒刑6个月。

根据《刑法》的规定,本罪是行为犯,客观方面表现为在生产、销售的食品中掺入有毒、有害的非食品原料的行为(生产有毒、有害食品的行为)。对于行为犯,只要实施了相应行为的,均应依法追究刑事责任。2名被告人做无罪辩解的理由之一是,饲养的问题牛未进入销售环节即被举报、查获,即并没有销售有毒、有害食品。然而,本罪是选择性罪名,虽然没有销售出去,但明知购买的牛含有“瘦肉精”成分仍继续喂养的行为,即属于“在生产的食品中掺入有毒、有害的非食品原料的行为”,符合生产有毒、有害食品罪的犯罪构成。

王某某购买禁用物质盐酸克仑特罗喂食肉牛案

裁判要旨

明知购买的饲料中含有有毒、有害的非食品原料盐酸克仑特罗，仍购买并用于饲养肉牛，构成生产有毒、有害食品罪。

案件事实与裁判结果

人民法院经审理查明：2019 年上半年，王某某在高安市某镇一男子处购买了“瘦肉精”，被告知此药有催肥作用。2019 年 8 月开始，王某某每天亲自将少许“瘦肉精”混合在饲料中喂给其养殖的肉牛食用。2019 年 11 月 1 日，上高县农业农村局工作人员对王某某牛场的肉牛检查，随机抽取尿样进行快速检测，结果显示存在阳性。经鉴定，王某某牛场内的 10 头肉牛尿样均为盐酸克仑特罗不合格，认定金额为 137,600 元。

人民法院依照《刑法》第 52 条、第 67 条第 3 款、第 72 条、第 73 条第 2 款和第 3 款、第 144 条，《刑事诉讼法》第 15 条、第 201 条，最高人民法院、最高人民检察院《关于办理危害食品安全刑事案件适用法律若干问题的解释》第 18 条之规定,判决如下:被告人王某某犯生产有毒、有害食品罪,判处有期徒刑 2 年 7 个月,缓刑 3 年,并处罚金人民币 10 万元。禁止被告人王某某在缓刑考验期限内从事食品生产、销售及相关活动。

评 析

根据《刑法》第 144 条的规定,生产有毒、有害食品罪是指在生产、销售的食品中掺入有毒、有害的非食品原料的行为。犯该罪的,处 5 年以下有期徒刑,并处罚金;对人体健康造成严重危害或者有其他严重情节的,处 5 年以上 10 年以下有期徒刑,并处罚金;致人死亡或者有其他特别严重情节的,依照《刑法》第 141 条的规定处罚(处 10 年以上有期徒刑、无期徒刑或者死刑,并处罚金或者没收财产)。根据最高人民法院、最高人民检察院 2002 年《关于办理非法生产、销售、使用禁止在饲料和动物饮用水中使用的药品等刑事案件具体应用法律若干问题的解释》第 3 条的规定,使用盐酸克仑特罗等禁止在饲料和动物饮用水中使用的药品或者含有该类药品的饲料养殖供人食用的动物,以生产有毒、有害食品罪论处。

本罪所侵犯的客体包括国家食品安全监督管理秩序和不特定多数人的身体健康、生命安全。犯罪主体为一般主体,包括年满 16 周岁的自然人和单位,具体包括从事食品生产销售的个人、企业、对单位直接负责的主管人员或其他直接责任人员。客观方面表现为在生产、销售的食品中掺入有毒、有害的非食品原料的行为。主观方面表现为故意,即故意在食品中掺入有毒、有害的非食品原料,或者故意在销售的食品中掺入有毒、有害的非食品原料。过失不构成本罪。

根据上述法律、司法解释和刑法理论，在本案中，被告人王某某使用禁用物质盐酸克仑特罗饲养肉牛，价值 137,600 元，其行为构成生产有毒、有害食品罪，应在“五年以下有期徒刑”的幅度内适用自由刑。但是，被告人王某某到案后能如实供述自己的罪行，认罪认罚，可依法从宽处罚。法院综合全案证据和各种从轻因素，在 1 年至 3 年的幅度内适用自由刑。

根据《刑法》的规定，生产有毒、有害食品罪是行为犯。对于行为犯，只要实施了相应行为（在生产、销售的食品中掺入有毒、有害的非食品原料的行为），均应依法追究刑事责任。因此，涉案的肉牛虽然没有流入市场，但不影响生产有毒、有害食品罪的犯罪构成。不过，涉案肉牛没有流入市场的案件，相对于已经流入市场的案件，对消费者身体健康和生命安全的危害更小一些，可以作为从轻的量刑情节酌予考虑。再加上王某某认罪认罚，符合适用缓刑的条件，因此法院依法判处王某某有期徒刑 2 年 7 个月，缓刑 3 年。

回某某等使用禁用物质“瘦肉精”饲喂绵羊、屠宰并销售羊肉案

裁判要旨

1. 在饲养供人食用的绵羊过程中，在饲料中掺入有毒、有害的非食品原料盐酸克仑特罗，并且销售此种绵羊的，构成生产、销售有毒、有害食品罪。

2. 明知销售的供人食用的羊肉中掺有有毒、有害的非食品原料盐酸克仑特罗，仍然予以销售的，构成销售有毒、有害食品罪。

案件事实与裁判结果

人民法院经审理查明：2018 年 12 月 27 日，被告人马某某将自己饲养并喂食盐酸克仑特罗的 342 只绵羊，安排儿子马某 1（另案处理）开车运至河北省沧县被告人回某某的屠宰点进行屠宰销售。回某某对未经检验检疫的 342 只绵羊进行宰杀后，由其妻子被告人代某某及马某 1 将预销售的羊胴体（羊腔子）称重、记录重量，马某 2（另案处理）在屠宰点购买了羊胴体 6 只，代某某销售给从某 6 套羊副产品

(羊下水)得款300元。当晚,执法人员在回某某屠宰点依法扣押羊胴体336只,后在喜某某处依法扣押羊副产品4套;在马某2处依法扣押羊胴体2只。经检测:在回某某屠宰点扣押的336只羊胴体含有的盐酸克仑特罗超出标准限量;在喜某某处扣押的4套羊副产品含有的盐酸克仑特罗超出标准限量;在马某2处扣押的2只羊胴体,有一只羊胴体含有的盐酸克仑特罗超出标准限量。上述不合格的337只羊胴体重9536.1千克,预销售价格44元/千克。在从某处扣押不合格的羊副产品重17.6千克。涉案羊胴体及羊副产品均已做无害化处理。案发后,被告人马某某主动向公安机关投案。另查明,被告人回某某因私建屠宰场,于2018年5月15日被沧县动物卫生监督所行政处罚罚款3万元。

人民法院认为,被告人马某某将禁止在饲料中添加的盐酸克仑特罗掺入饲料养殖供人食用的动物,并予以销售,销售金额达40余万元,其行为构成生产、销售有毒食品罪。被告人回某某、代某某明知马某某养殖的羊体内含有盐酸克仑特罗,仍予以屠宰和销售,构成销售有毒食品罪。因此,对该3人均应追究刑事责任。一审宣判后,被告人均不服判决,依法提出上诉。

二审法院依照《刑事诉讼法》第236条第1款第1项和第3项、第244条,《刑法》第67条第1款、第144条,最高人民法院、最高人民检察院《关于办理危害食品安全刑事案件适用法律若干问题的解释》第6条第1款、第17条之规定,判决如下:被告人马某某犯生产、销售有毒食品罪,判处有期徒刑5年5个月,并处罚金人民币84万元;回某某犯销售有毒食品罪,判处有期徒刑5年3个月,并处罚金人民币84万元;代某某犯销售有毒食品罪,判处有期徒刑3年,并处罚金人民币84万元。

评析

《刑法》第144条规定了生产、销售有毒、有害食品罪。该罪是选择性罪名,其中的生产有毒、有害食品罪是指在生产、销售的食品中掺入有毒的非食品原料的行为;其中的销售有毒、有害食品罪是指销售明知掺有有毒的非食品原料的食品的行为。触犯上述罪名的,处5年以下有期徒刑,并处罚金;对人体健康造成严重危害或者有其他严重情节的,处5年以上10年以下有期徒刑,并处罚金;致人死亡或者有其他特别严重情节的,依照该法第140条的规定处罚(处10年以上有期徒刑、无期徒刑或者死刑,并处罚金或者没收财产)。

生产、销售有毒、有害食品罪所侵犯的客体是复杂客体,即国家对食品安全的监督管理制度和不特定多数人的生命、健康权利。客观方面表现为在生产、销售的食品中掺入有毒、有害的非食品原料,或者销售掺有有毒、有害的非食品原料的食品的行为。具体包括3种情形:一是在生产的食品中掺入有毒、有害的非食品原料;二是在销售的食品中掺入有毒、有害的非食品原料;三是销售掺有有毒、有害的非食品原料的食品。上述3种行为,只要行为人实施其中1种就可构成犯罪。如果行为人仅实施前2种行为的,只构成生产有毒、有害食品罪;仅实施第3种行为的,只构成销售有毒、有害食品罪;既实施前2种行为中的1种或者2种,又实施第3种行为的,构成生产、销售有毒、有害食品罪。本罪是行为犯,只要实施了上述行为就可构成犯罪,行为是否足以严重危害人体健康或者造成了中毒事故等严重后果,不影响犯罪的构成。本罪的主体为一般主体,包括年满16周岁且具有刑事责任能力的自然人和单位。本罪的主观方面是故意,即故意在食品中掺入有毒、有害的非食品原料,或者故意在销售的食品中掺入有毒、有害的非食品原料,或者明知是掺有有毒、有害的非食品原料的食品而予以销售。实施本罪的行为人一般具有谋取非法利益的目的,但谋取非法利益的目的不是本罪构成的必备要件。

根据上述法律、司法解释和刑法理论,本案中,被告人马某某将禁止在饲料中添加的盐酸克仑特罗掺入饲料,养殖供人食用的绵羊,并予以销售,构成生产、销售有毒、有害食品罪。马某某共饲喂含食盐酸克仑特罗的绵羊 342 只,重 9548.7 千克,按预售价格 44 元/千克计算,其生产、销售金额可达 420,142.8 元,根据最高人民法院、最高人民检察院《关于办理危害食品安全刑事案件适用法律若干问题的解释》第 7 条第 1 项的规定,已达到“有其他严重情节”的程度,符合《刑法》第 144 条第二档法定刑,考虑到马某某具有自首和认罪认罚情节,对其从轻处罚,最终判处马某某有期徒刑 5 年 5 个月,并处罚金人民币 84 万元。被告人回某某、代某某明知马某某养殖的羊体内含有盐酸克仑特罗,仍予以屠宰和销售,构成销售有毒、有害食品罪。至案发时,回某某和代某某已销售 6 只羊胴体和 6 套羊下水,尚有 336 只羊胴体未销售,若将余下的 336 只羊胴体全部售出,则销售金额可达 40 万元左右。根据最高人民法院、最高人民检察院《关于办理危害食品安全刑事案件适用法律若干问题的解释》第 6 条和第 7 条第 1 项的规定,回某某和代某某构成销售有毒、有害食品罪第一档的既遂犯和第二档的未遂犯,对回某某在第二档法定刑的幅度内从轻处罚,判处回某某有期徒刑 5 年 3 个月,并处罚金人民币 84 万元;因代某某系共同犯罪中的从犯,对其减轻处罚,判处代某某有期徒刑 3 年,并处罚金人民币 84 万元。

本案争议焦点之一是,被告人回某某、代某某是否“明知”马某某销售的羊胴体体内含有盐酸克仑特罗。人民法院认为,被告人回某某因危害食品安全的行为受过行政处罚,其主观上明知此行为具有危害性,且逃避检验、检疫可能导致含有“瘦肉精”的羊肉流入市场,而放任此危害结果的发生,应当视为“明知”。被告人代某某在被执法部门对问题羊肉进行查扣后,销毁了销售羊胴体时的记录本,且不能说明合理理由,也应当视为“明知”。笔者认为,认定是否“明知”,不仅要看被告人的辩解,还要根据案件的全部证据予以综合判断。本案中人民法院考虑到被告人之前受到过行政处罚以及其他案件事实,认定被告人“明知”马某某销售的羊胴体体内含有盐酸克仑特罗,是正确的。

需要注意的是,把盐酸克仑特罗掺入饲料养殖供人食用的动物并予以销售的,绝大多数判决认定为生产、销售有毒、有害食品罪,而不是生产、销售有毒食品罪;明知供人食用的食品中掺有盐酸克仑特罗仍然予以销售的,绝大多数判决认定为销售有毒、有害食品罪,而不是销售有毒食品罪。造成这种差异的原因在于,对于盐酸克仑特罗究竟是应具体认定为“有毒的非食品原料”,还是笼统地认定为“有毒、有害的非食品原料”,尚存在争议。考虑到有毒和有害在司法实践中难以区分,且对定罪量刑亦无影响,故并无区分的必要。

张某某等购买无动物检疫证、含有禁用物质盐酸克仑特罗的活牛到他省销售案

裁判要旨

对于被告人辩解不“明知”是有毒、有害的食品而销售的，可以综合全案证据认定其是否“明知”，进而认定其是否构成销售有毒、有害食品罪。

案件事实与裁判结果

人民法院经审理查明：被告人张某某、郑某、娄某甲、金某某、娄某乙、谢某某、周某某等7人明知吉林等地区的活牛不能进入浙江省境内销售，仍共谋共同出资以购买动物检疫证的方式，从吉林等地采购活牛运输至浙江省瑞安市屠宰销售。7人约定，由张某某负责购买虚开的动物检疫合格证，由张某某、郑某主要负责前往山东、吉林等地购买活牛，由娄某甲负责购牛款的中转和备案，由金某某协助帮忙购买活牛，由娄某乙、谢某某、周某某等人负责在瑞安接牛、下牛等，7人购买活牛运输至瑞安市后再根据各自所需抽签分配活牛。2019年6月

26 日、28 日,由张某某、郑某从吉林省某活牛市场两次收购活牛 84 头,由张某某通过他人虚开湖北省某县动物检疫合格证及配套耳标,将两批活牛运输至瑞安市某活牛屠宰场进行屠宰销售。2019 年 7 月 1 日,瑞安市农业农村局在该屠宰场查获该批剩余的问题活牛。经鉴定,查获的 33 头活牛中的 23 头牛检出盐酸克仑特罗成分。经称重,该 23 头牛共计重 13,415 千克,价值 40 万余元。

人民法院依照《刑法》第 23 条、第 25 条第 1 款、第 37 条之一、第 64 条、第 67 条第 1 款和第 3 款、第 68 条、第 144 条,《刑事诉讼法》第 236 条第 1 款第 1 项之规定,认定上述被告人均构成销售有毒、有害食品罪,依法判处张某某有期徒刑 5 年,并处罚金人民币 5 万元;郑某有期徒刑 3 年,并处罚金人民币 5 万元;娄某甲有期徒刑 4 年,并处罚金人民币 5 万元;金某某有期徒刑 3 年 6 个月,并处罚金人民币 5 万元;谢某某有期徒刑 3 年 6 个月,并处罚金人民币 5 万元;娄某乙有期徒刑 3 年 6 个月,并处罚金人民币 5 万元;周某某有期徒刑 3 年 6 个月,并处罚金人民币 5 万元。责令禁止上述各被告人自刑罚执行完毕之日或者假释之日起从事相关职业,期限为 3 年。随案移送的作案手机 4 只予以没收,上缴国库。

评析

《刑法》第 144 条规定了生产、销售有毒、有害食品罪,其中的销售有毒、有害食品罪是指销售明知掺有有毒、有害的非食品原料的食品的行为。犯该罪的,处 5 年以下有期徒刑,并处罚金;对人体健康造成严重危害或者有其他严重情节的,处 5 年以上 10 年以下有期徒刑,并处罚金;致人死亡或者有其他特别严重情节的,依照《刑法》第 141

条的规定处罚(处10年以上有期徒刑、无期徒刑或者死刑,并处罚金或者没收财产)。根据最高人民法院、最高人民检察院《关于办理非法生产、销售、使用禁止在饲料和动物饮用水中使用的药品等刑事案件具体应用法律若干问题的解释》第3条规定,销售明知是使用盐酸克仑特罗等禁止在饲料和动物饮用水中使用的药品或者含有该类药品的饲料养殖的供人食用的动物的,以销售有毒、有害食品罪追究刑事责任。

本罪所侵犯的客体包括国家食品安全监督管理秩序和不特定多数人的身体健康、生命安全。犯罪主体为一般主体,包括年满16周岁的自然人和单位,具体包括从事食品销售的个人、企业、单位直接负责的主管人员或其他直接责任人员。客观方面表现为销售明知掺有有毒、有害的非食品原料的食品的行为。主观方面表现为故意,要求“明知”其销售的食品系“掺有有毒、有害的非食品原料的食品”。

根据上述法律、司法解释和刑法理论,在本案中,被告人结伙销售明知掺有有毒、有害的非食品原料的食品,价值40万余元,其行为均已构成销售有毒、有害食品罪,而且属于“有其他严重情节”,应在“五年以上十年以下有期徒刑”的幅度内适用自由刑。但是,已检出盐酸克仑特罗成分的23头牛,牛肉尚未流入市场,属于犯罪未遂,应对各被告人从轻或减轻处罚。因此,人民法院综合考虑犯罪未遂等各种从轻、减轻因素,在3年6个月至5年的幅度内适用自由刑,符合罪责刑相适应的基本原则。

根据《刑法》的规定,“明知”其销售的食品系“掺有有毒、有害的非食品原料的食品的”,才构成销售有毒、有害食品罪。如果不“明知”其销售的食品系“掺有有毒、有害的非食品原料的食品的”,不构成销售有毒、有害食品罪。被告人张某某上诉理由之一是,其主观上并不知道牛肉有毒而去销售,即不“明知”其销售的食品系有毒、有害的食品。但是,认定是否“明知”,不能仅以被告人的辩解为依据,而应结合全案证据予以认定。本案中,虽然被告人张某某辩解其主观上不明知销售的活牛含有毒、有害物质,但是该辩解与被告人郑某、娄某甲、娄某乙的供述不相符;且张某某多年从事肉牛销售行业,对地域禁售规定、涉案肉牛来源、虚开检疫证情况都是清楚的,应当意识到其销售的肉牛可能含有毒、有害物质,因此应认定其“明知”销售的食品系有毒、有害的食品,可以构成本罪。

王某甲购买禁用物质盐酸克仑特罗喂食肉牛案

裁判要旨

使用禁用物质盐酸克仑特罗喂养供人食用的肉牛，属于在生产的食品中掺入有毒、有害的非食品原料的行为，构成生产有毒、有害食品罪。

案件事实与裁判结果

人民法院经审理查明：2017 年 9 月 10 日，被告人王某甲在高安市黄沙岗镇牛市门口花费 1100 元购买了 250 克“瘦肉精”，开始对饲养的即将出栏肉牛喂食添加“瘦肉精”的饲料。2017 年 9 月 19 日，高安市畜牧水产局执法人员在王某甲的牛场进行禁用物质随机抽检时，发现王某甲饲养的 140 头肉牛中的 4 头肉牛现场尿液检测全部含有盐酸克仑特罗成分（“瘦肉精”的一种）。2017 年 9 月 29 日，经检验 4 头肉牛尿液检验结果均为不合格。王某甲此前购买的“瘦肉精”已全部喂食完，无剩余。2017 年 9 月 19 日，高安市畜牧水产局依法对王某甲牛场的 70 头肉牛(其中包括经检验不合格的 4 头肉牛)进行了查封。2017 年 9 月 21 日,高安市畜牧水产局执法人员发现被查封的 70 头肉牛不在牛场,去向不明。2020 年 6 月 28 日,王某甲到高安市公安局投案,并交代了其购买“瘦肉精”喂养肉牛的事实。

人民法院依据《刑法》第 67 条第 1 款、第 144 条,最高人民法院、最高人民检察院《关于办理危害食品安全刑事案件适用法律若干问题的解释》第 9 条、第 10 条、第 11 条第 1 款、第 21 条第 1 款,《刑事诉讼法》第 15 条之规定,判决如下:被告人王某甲犯生产有毒、有害食品罪,判处有期徒刑 1 年 4 个月,并处罚金人民币 10 万元。

评 析

《刑法》第 144 条规定了生产、销售有毒、有害食品罪。该罪是选择性罪名,其中的生产有毒、有害食品罪是指在生产、销售的食品中掺入有毒、有害的非食品原料的行为。犯该罪的,处 5 年以下有期徒刑,并处罚金;对人体健康造成严重危害或者有其他严重情节的,处 5 年以上 10 年以下有期徒刑,并处罚金;致人死亡或者有其他特别严重情节的,依照《刑法》第 141 条的规定处罚(处 10 年以上有期徒刑、无期徒刑或者死刑,并处罚金或者没收财产)。

本罪所侵犯的客体是复杂客体,即国家对食品安全的监督管理制度和不特定多数人的生命、健康权利。客观方面表现为在生产、销售的食品中掺入有毒、有害的非食品原料的行为。具体包括两种情形:一是在生产的食品中掺入有毒、有害的非食品原料;二是在销售的食品中掺入有毒、有害的非食品原料。本罪的主体为一般主体,即年满 16 周岁且具有刑事责任能力的自然人和单位。本罪的主观方面是故意,即故意在生产的食品中掺入有毒、有害的非食品原料,或者故意在销售的食品中掺入有毒、有害的非食品原料。实施本罪的行为人一般具有谋取非法利益的目的,但谋取非法利益的目的不是本罪构成的必备要件。本罪是行为犯,只要实施了上述行为就可构成犯罪,行为是否足以严重危害人体健康或者造成了中毒事故等严重后果,不影响犯罪的构成。

根据上述法律和刑法理论,本案中,王某甲花费 1100 元购买了 250 克“瘦肉精”,且将其掺入饲料喂食所养殖的肉牛,可以认定王某甲系故意在其生产的食品(肉牛)中掺入有毒、有害的非食品原料“瘦肉精”。执法人员在王某甲饲喂的 140 头肉牛中检出 4 头肉牛的尿液中含有禁用物质盐酸克仑特罗的成分,因为《刑法》第 144 条属于行为犯,故可认定王某甲的行为达到生产有毒、有害食品罪的定罪标准。人民法院综合考虑王某甲的自首情节、自愿认罚情节,最终判处王某甲有期徒刑 1 年 4 个月,并处罚金人民币 10 万元,是正确的。

窦某某购买禁用物质盐酸克仑特罗饲喂肉牛案

裁判要旨

明知盐酸克仑特罗系有毒、有害的非食品原料，仍使用该药品养殖供人食用的肉牛，属于在生产的食品中掺入有毒、有害的非食品原料的行为，构成生产有毒、有害食品罪。

案件事实与裁判结果

人民法院经审理查明：被告人窦某某自2018年始，在天津市蓟州区其家院内饲养肉牛。窦某某明知盐酸克仑特罗（“瘦肉精”的一种）是国家明令禁止在饲料和动物饮用水中使用的药品，仍多次从郭某某（另案处理）处购买该药品，并掺入饲料或直接投喂其饲养的肉牛。2020年7月9日，天津市蓟州区动物卫生监督所执法人员依法对窦某某饲养的肉牛进行检查。经检测，窦某某饲养的17头肉牛牛尿中均显示盐酸克仑特罗呈阳性。2020年7月20日，窦某某主动到公安机关投案，并向公安机关提交了饲喂后剩余的盐酸克仑特罗。后经第三方检测,窦某某饲养的 17 头肉牛牛尿中均检测出盐酸克仑特罗;窦某某提交的疑似“瘦肉精”原粉中检测出盐酸克仑特罗。经天津市蓟州区价格认证中心认定,窦某某饲养的 17 头肉牛价格为 287,606.8元。

人民法院根据《刑法》第 64 条、第 67 条第 1 款、第 144 条,《刑事诉讼法》第 15 条,最高人民法院、最高人民检察院《关于办理危害食品安全刑事案件适用法律若干问题的解释》第 7 条第 1 款和第 2 款、第 9 条、第 10 条,最高人民法院、最高人民检察院《关于办理非法生产、销售、使用禁止在饲料和动物饮用水中使用的药品等刑事案件具体应用法律若干问题的解释》第 3 条、第 6 条之规定,判决如下:被告人窦某某犯生产有毒、有害食品罪,判处有期徒刑 2 年 10 个月,并处罚金人民币 20 万元。

评 析

根据《刑法》第 144 条的规定,生产有毒、有害食品罪是指在生产、销售的食品中掺入有毒、有害的非食品原料的行为。犯该罪的,处 5 年以下有期徒刑,并处罚金;对人体健康造成严重危害或者有其他严重情节的,处 5 年以上 10 年以下有期徒刑,并处罚金;致人死亡或者有其他特别严重情节的,依照《刑法》第 141 条的规定处罚(处 10 年以上有期徒刑、无期徒刑或者死刑,并处罚金或者没收财产)。根据最高人民法院、最高人民检察院《关于办理非法生产、销售、使用禁止在饲料和动物饮用水中使用的药品等刑事案件具体应用法律若干问题的解释》第 3 条规定,使用盐酸克仑特罗等禁止在饲料和动物饮用水中使用的药品或者含有该类药品的饲料养殖供人食用的动物,以生产有毒、有害食品罪追究刑事责任。

本罪所侵犯的客体是复杂客体,即国家对食品安全的监督管理制度和不特定多数人的生命、健康权利。客观方面表现为在生产、销售的食品中掺入有毒、有害的非食品原料的行为,具体包括在生产的食品中掺入有毒、有害的非食品原料,在销售的食品中掺入有毒、有害的非食品原料两种情形。本罪的主体为一般主体,即年满 16 周岁且具有刑事责任能力的自然人和单位。本罪的主观方面是故意,即故意在生产的食品中掺入有毒、有害的非食品原料,或者故意在销售的食品中掺入有毒、有害的非食品原料。实施本罪的行为人一般具有谋取非法利益的目的,但谋取非法利益的目的不是本罪构成的必备要件。本罪是行为犯,只要实施了上述行为就可构成犯罪,行为是否足以严重危害人体健康或者造成了中毒事故等严重后果,不影响犯罪的构成。

根据上述法律、司法解释和刑法理论,本案中,窦某某明知盐酸克仑特罗是国家明令禁止在饲料和动物饮用水中使用的药品,仍多次购买并掺入饲料或直接投喂其饲养的肉牛。截至案发时,在其饲养的 17 头肉牛的尿液中均检出盐酸克仑特罗,经鉴定 17 头肉牛价格为 287,606.8 元,其犯罪情节已达到《刑法》第 144 条第二档“有其他严重情节的”程度。考虑到窦某某具有自首情节,且同时自愿认罪认罚,人民法院最终对其降格减轻处罚,依法判处窦某某有期徒刑 2 年 10 个月,并处罚金人民币 20 万元。根据《刑法》第 64 条对犯罪物品的处理规定,对本案中扣押在案的 17 头肉牛,由天津市蓟州区动物卫生监督所依法处理;对扣押在公安机关的盐酸克仑特罗,由天津市公安局蓟州分局依法处理。

附录　本汇编案例所适用的法律法规、司法解释

饲料和饲料添加剂管理条例

（1999年5月29日中华人民共和国国务院令第266号发布　根据2001年11月29日《国务院关于修改〈饲料和饲料添加剂管理条例〉的决定》第一次修订　2011年10月26日国务院第177次常务会议修订通过　根据2013年12月7日《国务院关于修改部分行政法规的决定》第二次修订　根据2016年2月6日《国务院关于修改部分行政法规的决定》第三次修订　根据2017年3月1日《国务院关于修改和废止部分行政法规的决定》第四次修订）

第一章　总　　则

第一条　为了加强对饲料、饲料添加剂的管理，提高饲料、饲料添加剂的质量，保障动物产品质量安全，维护公众健康，制定本条例。

第二条　本条例所称饲料，是指经工业化加工、制作的供动物食用的产品，包括单一饲料、添加剂预混合饲料、浓缩饲料、配合饲料和精料补充料。

本条例所称饲料添加剂，是指在饲料加工、制作、使用过程中添加的少量或者微量物质，包括营养性饲料添加剂和一般饲料添加剂。

饲料原料目录和饲料添加剂品种目录由国务院农业行政主管部

门制定并公布。

第三条 国务院农业行政主管部门负责全国饲料、饲料添加剂的监督管理工作。

县级以上地方人民政府负责饲料、饲料添加剂管理的部门(以下简称饲料管理部门),负责本行政区域饲料、饲料添加剂的监督管理工作。

第四条 县级以上地方人民政府统一领导本行政区域饲料、饲料添加剂的监督管理工作,建立健全监督管理机制,保障监督管理工作的开展。

第五条 饲料、饲料添加剂生产企业、经营者应当建立健全质量安全制度,对其生产、经营的饲料、饲料添加剂的质量安全负责。

第六条 任何组织或者个人有权举报在饲料、饲料添加剂生产、经营、使用过程中违反本条例的行为,有权对饲料、饲料添加剂监督管理工作提出意见和建议。

第二章 审定和登记

第七条 国家鼓励研制新饲料、新饲料添加剂。

研制新饲料、新饲料添加剂,应当遵循科学、安全、有效、环保的原则,保证新饲料、新饲料添加剂的质量安全。

第八条 研制的新饲料、新饲料添加剂投入生产前,研制者或者生产企业应当向国务院农业行政主管部门提出审定申请,并提供该新饲料、新饲料添加剂的样品和下列资料:

(一)名称、主要成分、理化性质、研制方法、生产工艺、质量标准、检测方法、检验报告、稳定性试验报告、环境影响报告和污染防治措施；

（二）国务院农业行政主管部门指定的试验机构出具的该新饲料、新饲料添加剂的饲喂效果、残留消解动态以及毒理学安全性评价报告。

申请新饲料添加剂审定的，还应当说明该新饲料添加剂的添加目的、使用方法，并提供该饲料添加剂残留可能对人体健康造成影响的分析评价报告。

第九条　国务院农业行政主管部门应当自受理申请之日起5个工作日内，将新饲料、新饲料添加剂的样品和申请资料交全国饲料评审委员会，对该新饲料、新饲料添加剂的安全性、有效性及其对环境的影响进行评审。

全国饲料评审委员会由养殖、饲料加工、动物营养、毒理、药理、代谢、卫生、化工合成、生物技术、质量标准、环境保护、食品安全风险评估等方面的专家组成。全国饲料评审委员会对新饲料、新饲料添加剂的评审采取评审会议的形式，评审会议应当有9名以上全国饲料评审委员会专家参加，根据需要也可以邀请1至2名全国饲料评审委员会专家以外的专家参加，参加评审的专家对评审事项具有表决权。评审会议应当形成评审意见和会议纪要，并由参加评审的专家审核签字；有不同意见的，应当注明。参加评审的专家应当依法公平、公正履行职责，对评审资料保密，存在回避事由的，应当主动回避。

全国饲料评审委员会应当自收到新饲料、新饲料添加剂的样品和申请资料之日起9个月内出具评审结果并提交国务院农业行政主管部门；但是，全国饲料评审委员会决定由申请人进行相关试验的，经国务院农业行政主管部门同意，评审时间可以延长3个月。

国务院农业行政主管部门应当自收到评审结果之日起10个工作

日内作出是否核发新饲料、新饲料添加剂证书的决定；决定不予核发的，应当书面通知申请人并说明理由。

第十条 国务院农业行政主管部门核发新饲料、新饲料添加剂证书，应当同时按照职责权限公布该新饲料、新饲料添加剂的产品质量标准。

第十一条 新饲料、新饲料添加剂的监测期为5年。新饲料、新饲料添加剂处于监测期的，不受理其他就该新饲料、新饲料添加剂的生产申请和进口登记申请，但超过3年不投入生产的除外。

生产企业应当收集处于监测期的新饲料、新饲料添加剂的质量稳定性及其对动物产品质量安全的影响等信息，并向国务院农业行政主管部门报告；国务院农业行政主管部门应当对新饲料、新饲料添加剂的质量安全状况组织跟踪监测，证实其存在安全问题的，应当撤销新饲料、新饲料添加剂证书并予以公告。

第十二条 向中国出口中国境内尚未使用但出口国已经批准生产和使用的饲料、饲料添加剂的，由出口方驻中国境内的办事机构或者其委托的中国境内代理机构向国务院农业行政主管部门申请登记，并提供该饲料、饲料添加剂的样品和下列资料：

（一）商标、标签和推广应用情况；

（二）生产地批准生产、使用的证明和生产地以外其他国家、地区的登记资料；

（三）主要成分、理化性质、研制方法、生产工艺、质量标准、检测方法、检验报告、稳定性试验报告、环境影响报告和污染防治措施；

（四）国务院农业行政主管部门指定的试验机构出具的该饲料、饲料添加剂的饲喂效果、残留消解动态以及毒理学安全性评价报告。

申请饲料添加剂进口登记的，还应当说明该饲料添加剂的添加目的、使用方法，并提供该饲料添加剂残留可能对人体健康造成影响的分析评价报告。

国务院农业行政主管部门应当依照本条例第九条规定的新饲料、新饲料添加剂的评审程序组织评审，并决定是否核发饲料、饲料添加剂进口登记证。

首次向中国出口中国境内已经使用且出口国已经批准生产和使用的饲料、饲料添加剂的，应当依照本条第一款、第二款的规定申请登记。国务院农业行政主管部门应当自受理申请之日起10个工作日内对申请资料进行审查；审查合格的，将样品交由指定的机构进行复核检测；复核检测合格的，国务院农业行政主管部门应当在10个工作日内核发饲料、饲料添加剂进口登记证。

饲料、饲料添加剂进口登记证有效期为5年。进口登记证有效期满需要继续向中国出口饲料、饲料添加剂的，应当在有效期届满6个月前申请续展。

禁止进口未取得饲料、饲料添加剂进口登记证的饲料、饲料添加剂。

第十三条　国家对已经取得新饲料、新饲料添加剂证书或者饲料、饲料添加剂进口登记证的、含有新化合物的饲料、饲料添加剂的申请人提交的其自己所取得且未披露的试验数据和其他数据实施保护。

自核发证书之日起6年内，对其他申请人未经已取得新饲料、新饲料添加剂证书或者饲料、饲料添加剂进口登记证的申请人同意，使用前款规定的数据申请新饲料、新饲料添加剂审定或者饲料、饲料添加剂进口登记的，国务院农业行政主管部门不予审定或者登记；但是，其他申请人提交其自己所取得的数据的除外。

除下列情形外，国务院农业行政主管部门不得披露本条第一款规定的数据：

（一）公共利益需要；

（二）已采取措施确保该类信息不会被不正当地进行商业使用。

第三章　生产、经营和使用

第十四条　设立饲料、饲料添加剂生产企业，应当符合饲料工业发展规划和产业政策，并具备下列条件：

（一）有与生产饲料、饲料添加剂相适应的厂房、设备和仓储设施；

（二）有与生产饲料、饲料添加剂相适应的专职技术人员；

（三）有必要的产品质量检验机构、人员、设施和质量管理制度；

（四）有符合国家规定的安全、卫生要求的生产环境；

（五）有符合国家环境保护要求的污染防治措施；

（六）国务院农业行政主管部门制定的饲料、饲料添加剂质量安全管理规范规定的其他条件。

第十五条　申请从事饲料、饲料添加剂生产的企业，申请人应当向省、自治区、直辖市人民政府饲料管理部门提出申请。省、自治区、直辖市人民政府饲料管理部门应当自受理申请之日起10个工作日内进行书面审查；审查合格的，组织进行现场审核，并根据审核结果在10个工作日内作出是否核发生产许可证的决定。

生产许可证有效期为5年。生产许可证有效期满需要继续生产饲料、饲料添加剂的，应当在有效期届满6个月前申请续展。

第十六条　饲料添加剂、添加剂预混合饲料生产企业取得生产许可证后，由省、自治区、直辖市人民政府饲料管理部门按照国务院农业行政主管部门的规定，核发相应的产品批准文号。

第十七条　饲料、饲料添加剂生产企业应当按照国务院农业行政主管部门的规定和有关标准，对采购的饲料原料、单一饲料、饲料添加剂、药物饲料添加剂、添加剂预混合饲料和用于饲料添加剂生产的原料进行查验或者检验。

饲料生产企业使用限制使用的饲料原料、单一饲料、饲料添加剂、药物饲料添加剂、添加剂预混合饲料生产饲料的，应当遵守国务院农业行政主管部门的限制性规定。禁止使用国务院农业行政主管部门公布的饲料原料目录、饲料添加剂品种目录和药物饲料添加剂品种目录以外的任何物质生产饲料。

饲料、饲料添加剂生产企业应当如实记录采购的饲料原料、单一饲料、饲料添加剂、药物饲料添加剂、添加剂预混合饲料和用于饲料添加剂生产的原料的名称、产地、数量、保质期、许可证明文件编号、质量检验信息、生产企业名称或者供货者名称及其联系方式、进货日期等。记录保存期限不得少于2年。

第十八条　饲料、饲料添加剂生产企业，应当按照产品质量标准以及国务院农业行政主管部门制定的饲料、饲料添加剂质量安全管理规范和饲料添加剂安全使用规范组织生产，对生产过程实施有效控制并实行生产记录和产品留样观察制度。

第十九条　饲料、饲料添加剂生产企业应当对生产的饲料、饲料添加剂进行产品质量检验；检验合格的，应当附具产品质量检验合格证。未经产品质量检验、检验不合格或者未附具产品质量检验合格证的，不得出厂销售。

饲料、饲料添加剂生产企业应当如实记录出厂销售的饲料、饲料添加剂的名称、数量、生产日期、生产批次、质量检验信息、购货者名称及其联系方式、销售日期等。记录保存期限不得少于2年。

第二十条 出厂销售的饲料、饲料添加剂应当包装，包装应当符合国家有关安全、卫生的规定。

饲料生产企业直接销售给养殖者的饲料可以使用罐装车运输。罐装车应当符合国家有关安全、卫生的规定，并随罐装车附具符合本条例第二十一条规定的标签。

易燃或者其他特殊的饲料、饲料添加剂的包装应当有警示标志或者说明，并注明储运注意事项。

第二十一条 饲料、饲料添加剂的包装上应当附具标签。标签应当以中文或者适用符号标明产品名称、原料组成、产品成分分析保证值、净重或者净含量、贮存条件、使用说明、注意事项、生产日期、保质期、生产企业名称以及地址、许可证明文件编号和产品质量标准等。加入药物饲料添加剂的，还应当标明“加入药物饲料添加剂”字样，并标明其通用名称、含量和休药期。乳和乳制品以外的动物源性饲料，还应当标明“本产品不得饲喂反刍动物”字样。

第二十二条 饲料、饲料添加剂经营者应当符合下列条件：

（一）有与经营饲料、饲料添加剂相适应的经营场所和仓储设施；

（二）有具备饲料、饲料添加剂使用、贮存等知识的技术人员；

（三）有必要的产品质量管理和安全管理制度。

第二十三条 饲料、饲料添加剂经营者进货时应当查验产品标签、产品质量检验合格证和相应的许可证明文件。

饲料、饲料添加剂经营者不得对饲料、饲料添加剂进行拆包、分装，不得对饲料、饲料添加剂进行再加工或者添加任何物质。

禁止经营用国务院农业行政主管部门公布的饲料原料目录、饲料添加剂品种目录和药物饲料添加剂品种目录以外的任何物质生产的饲料。

饲料、饲料添加剂经营者应当建立产品购销台账，如实记录购销产品的名称、许可证明文件编号、规格、数量、保质期、生产企业名称或者供货者名称及其联系方式、购销时间等。购销台账保存期限不得少于2年。

第二十四条　向中国出口的饲料、饲料添加剂应当包装，包装应当符合中国有关安全、卫生的规定，并附具符合本条例第二十一条规定的标签。

向中国出口的饲料、饲料添加剂应当符合中国有关检验检疫的要求，由出入境检验检疫机构依法实施检验检疫，并对其包装和标签进行核查。包装和标签不符合要求的，不得入境。

境外企业不得直接在中国销售饲料、饲料添加剂。境外企业在中国销售饲料、饲料添加剂的，应当依法在中国境内设立销售机构或者委托符合条件的中国境内代理机构销售。

第二十五条　养殖者应当按照产品使用说明和注意事项使用饲料。在饲料或者动物饮用水中添加饲料添加剂的，应当符合饲料添加剂使用说明和注意事项的要求，遵守国务院农业行政主管部门制定的饲料添加剂安全使用规范。

养殖者使用自行配制的饲料的，应当遵守国务院农业行政主管部门制定的自行配制饲料使用规范，并不得对外提供自行配制的饲料。

使用限制使用的物质养殖动物的，应当遵守国务院农业行政主管部门的限制性规定。禁止在饲料、动物饮用水中添加国务院农业行政主管部门公布禁用的物质以及对人体具有直接或者潜在危害的其他物质，或者直接使用上述物质养殖动物。禁止在反刍动物饲料中添加乳和乳制品以外的动物源性成分。

第二十六条 国务院农业行政主管部门和县级以上地方人民政府饲料管理部门应当加强饲料、饲料添加剂质量安全知识的宣传，提高养殖者的质量安全意识，指导养殖者安全、合理使用饲料、饲料添加剂。

第二十七条 饲料、饲料添加剂在使用过程中被证实对养殖动物、人体健康或者环境有害的，由国务院农业行政主管部门决定禁用并予以公布。

第二十八条 饲料、饲料添加剂生产企业发现其生产的饲料、饲料添加剂对养殖动物、人体健康有害或者存在其他安全隐患的，应当立即停止生产，通知经营者、使用者，向饲料管理部门报告，主动召回产品，并记录召回和通知情况。召回的产品应当在饲料管理部门监督下予以无害化处理或者销毁。

饲料、饲料添加剂经营者发现其销售的饲料、饲料添加剂具有前款规定情形的，应当立即停止销售，通知生产企业、供货者和使用者，向饲料管理部门报告，并记录通知情况。

养殖者发现其使用的饲料、饲料添加剂具有本条第一款规定情形的，应当立即停止使用，通知供货者，并向饲料管理部门报告。

第二十九条 禁止生产、经营、使用未取得新饲料、新饲料添加剂证书的新饲料、新饲料添加剂以及禁用的饲料、饲料添加剂。

禁止经营、使用无产品标签、无生产许可证、无产品质量标准、无产品质量检验合格证的饲料、饲料添加剂。禁止经营、使用无产品批准文号的饲料添加剂、添加剂预混合饲料。禁止经营、使用未取得饲料、饲料添加剂进口登记证的进口饲料、进口饲料添加剂。

第三十条 禁止对饲料、饲料添加剂作具有预防或者治疗动物疾病作用的说明或者宣传。但是，饲料中添加药物饲料添加剂的，可以对所添加的药物饲料添加剂的作用加以说明。

第三十一条　国务院农业行政主管部门和省、自治区、直辖市人民政府饲料管理部门应当按照职责权限对全国或者本行政区域饲料、饲料添加剂的质量安全状况进行监测，并根据监测情况发布饲料、饲料添加剂质量安全预警信息。

第三十二条　国务院农业行政主管部门和县级以上地方人民政府饲料管理部门，应当根据需要定期或者不定期组织实施饲料、饲料添加剂监督抽查；饲料、饲料添加剂监督抽查检测工作由国务院农业行政主管部门或者省、自治区、直辖市人民政府饲料管理部门指定的具有相应技术条件的机构承担。饲料、饲料添加剂监督抽查不得收费。

国务院农业行政主管部门和省、自治区、直辖市人民政府饲料管理部门应当按照职责权限公布监督抽查结果，并可以公布具有不良记录的饲料、饲料添加剂生产企业、经营者名单。

第三十三条　县级以上地方人民政府饲料管理部门应当建立饲料、饲料添加剂监督管理档案，记录日常监督检查、违法行为查处等情况。

第三十四条　国务院农业行政主管部门和县级以上地方人民政府饲料管理部门在监督检查中可以采取下列措施：

（一）对饲料、饲料添加剂生产、经营、使用场所实施现场检查；

（二）查阅、复制有关合同、票据、账簿和其他相关资料；

（三）查封、扣押有证据证明用于违法生产饲料的饲料原料、单一饲料、饲料添加剂、药物饲料添加剂、添加剂预混合饲料，用于违法生产饲料添加剂的原料，用于违法生产饲料、饲料添加剂的工具、设施，违法生产、经营、使用的饲料、饲料添加剂；

(四)查封违法生产、经营饲料、饲料添加剂的场所。

第四章　法律责任

第三十五条　国务院农业行政主管部门、县级以上地方人民政府饲料管理部门或者其他依照本条例规定行使监督管理权的部门及其工作人员,不履行本条例规定的职责或者滥用职权、玩忽职守、徇私舞弊的,对直接负责的主管人员和其他直接责任人员,依法给予处分;直接负责的主管人员和其他直接责任人员构成犯罪的,依法追究刑事责任。

第三十六条　提供虚假的资料、样品或者采取其他欺骗方式取得许可证明文件的,由发证机关撤销相关许可证明文件,处5万元以上10万元以下罚款,申请人3年内不得就同一事项申请行政许可。以欺骗方式取得许可证明文件给他人造成损失的,依法承担赔偿责任。

第三十七条　假冒、伪造或者买卖许可证明文件的,由国务院农业行政主管部门或者县级以上地方人民政府饲料管理部门按照职责权限收缴或者吊销、撤销相关许可证明文件;构成犯罪的,依法追究刑事责任。

第三十八条　未取得生产许可证生产饲料、饲料添加剂的,由县级以上地方人民政府饲料管理部门责令停止生产,没收违法所得、违法生产的产品和用于违法生产饲料的饲料原料、单一饲料、饲料添加剂、药物饲料添加剂、添加剂预混合饲料以及用于违法生产饲料添加剂的原料,违法生产的产品货值金额不足1万元的,并处1万元以上5万元以下罚款,货值金额1万元以上的,并处货值金额5倍以上10倍以下罚款;情节严重的,没收其生产设备,生产企业的主要负责人和直接负责的主管人员10年内不得从事饲料、饲料添加剂生产、经营活动。

已经取得生产许可证，但不再具备本条例第十四条规定的条件而继续生产饲料、饲料添加剂的，由县级以上地方人民政府饲料管理部门责令停止生产、限期改正，并处1万元以上5万元以下罚款；逾期不改正的，由发证机关吊销生产许可证。

已经取得生产许可证，但未取得产品批准文号而生产饲料添加剂、添加剂预混合饲料的，由县级以上地方人民政府饲料管理部门责令停止生产，没收违法所得、违法生产的产品和用于违法生产饲料的饲料原料、单一饲料、饲料添加剂、药物饲料添加剂以及用于违法生产饲料添加剂的原料，限期补办产品批准文号，并处违法生产的产品货值金额1倍以上3倍以下罚款；情节严重的，由发证机关吊销生产许可证。

第三十九条　饲料、饲料添加剂生产企业有下列行为之一的，由县级以上地方人民政府饲料管理部门责令改正，没收违法所得、违法生产的产品和用于违法生产饲料的饲料原料、单一饲料、饲料添加剂、药物饲料添加剂、添加剂预混合饲料以及用于违法生产饲料添加剂的原料，违法生产的产品货值金额不足1万元的，并处1万元以上5万元以下罚款，货值金额1万元以上的，并处货值金额5倍以上10倍以下罚款；情节严重的，由发证机关吊销、撤销相关许可证明文件，生产企业的主要负责人和直接负责的主管人员10年内不得从事饲料、饲料添加剂生产、经营活动；构成犯罪的，依法追究刑事责任：

（一）使用限制使用的饲料原料、单一饲料、饲料添加剂、药物饲料添加剂、添加剂预混合饲料生产饲料，不遵守国务院农业行政主管部门的限制性规定的；

（二）使用国务院农业行政主管部门公布的饲料原料目录、饲料添加剂品种目录和药物饲料添加剂品种目录以外的物质生产饲料的；

（三）生产未取得新饲料、新饲料添加剂证书的新饲料、新饲料添加剂或者禁用的饲料、饲料添加剂的。

第四十条 饲料、饲料添加剂生产企业有下列行为之一的，由县级以上地方人民政府饲料管理部门责令改正，处 1 万元以上 2 万元以下罚款；拒不改正的，没收违法所得、违法生产的产品和用于违法生产饲料的饲料原料、单一饲料、饲料添加剂、药物饲料添加剂、添加剂预混合饲料以及用于违法生产饲料添加剂的原料，并处 5 万元以上 10 万元以下罚款；情节严重的，责令停止生产，可以由发证机关吊销、撤销相关许可证明文件：

（一）不按照国务院农业行政主管部门的规定和有关标准对采购的饲料原料、单一饲料、饲料添加剂、药物饲料添加剂、添加剂预混合饲料和用于饲料添加剂生产的原料进行查验或者检验的；

（二）饲料、饲料添加剂生产过程中不遵守国务院农业行政主管部门制定的饲料、饲料添加剂质量安全管理规范和饲料添加剂安全使用规范的；

（三）生产的饲料、饲料添加剂未经产品质量检验的。

第四十一条 饲料、饲料添加剂生产企业不依照本条例规定实行采购、生产、销售记录制度或者产品留样观察制度的，由县级以上地方人民政府饲料管理部门责令改正，处 1 万元以上 2 万元以下罚款；拒不改正的，没收违法所得、违法生产的产品和用于违法生产饲料的饲料原料、单一饲料、饲料添加剂、药物饲料添加剂、添加剂预混合饲料以及用于违法生产饲料添加剂的原料，处 2 万元以上 5 万元以下罚款，并可以由发证机关吊销、撤销相关许可证明文件。

饲料、饲料添加剂生产企业销售的饲料、饲料添加剂未附具产品质量检验合格证或者包装、标签不符合规定的，由县级以上地方人民政府饲料管理部门责令改正；情节严重的，没收违法所得和违法销售的产品，可以处违法销售的产品货值金额30%以下罚款。

第四十二条　不符合本条例第二十二条规定的条件经营饲料、饲料添加剂的，由县级人民政府饲料管理部门责令限期改正；逾期不改正的，没收违法所得和违法经营的产品，违法经营的产品货值金额不足1万元的，并处2000元以上2万元以下罚款，货值金额1万元以上的，并处货值金额2倍以上5倍以下罚款；情节严重的，责令停止经营，并通知工商行政管理部门，由工商行政管理部门吊销营业执照。

第四十三条　饲料、饲料添加剂经营者有下列行为之一的，由县级人民政府饲料管理部门责令改正，没收违法所得和违法经营的产品，违法经营的产品货值金额不足1万元的，并处2000元以上2万元以下罚款，货值金额1万元以上的，并处货值金额2倍以上5倍以下罚款；情节严重的，责令停止经营，并通知工商行政管理部门，由工商行政管理部门吊销营业执照；构成犯罪的，依法追究刑事责任：

（一）对饲料、饲料添加剂进行再加工或者添加物质的；

（二）经营无产品标签、无生产许可证、无产品质量检验合格证的饲料、饲料添加剂的；

（三）经营无产品批准文号的饲料添加剂、添加剂预混合饲料的；

（四）经营用国务院农业行政主管部门公布的饲料原料目录、饲料添加剂品种目录和药物饲料添加剂品种目录以外的物质生产的饲料的；

（五）经营未取得新饲料、新饲料添加剂证书的新饲料、新饲料添加剂或者未取得饲料、饲料添加剂进口登记证的进口饲料、进口饲料添加剂以及禁用的饲料、饲料添加剂的。

第四十四条 饲料、饲料添加剂经营者有下列行为之一的，由县级人民政府饲料管理部门责令改正，没收违法所得和违法经营的产品，并处2000元以上1万元以下罚款：

(一)对饲料、饲料添加剂进行拆包、分装的；

(二)不依照本条例规定实行产品购销台账制度的；

(三)经营的饲料、饲料添加剂失效、霉变或者超过保质期的。

第四十五条 对本条例第二十八条规定的饲料、饲料添加剂，生产企业不主动召回的，由县级以上地方人民政府饲料管理部门责令召回，并监督生产企业对召回的产品予以无害化处理或者销毁；情节严重的，没收违法所得，并处应召回的产品货值金额1倍以上3倍以下罚款，可以由发证机关吊销、撤销相关许可证明文件；生产企业对召回的产品不予以无害化处理或者销毁的，由县级人民政府饲料管理部门代为销毁，所需费用由生产企业承担。

对本条例第二十八条规定的饲料、饲料添加剂，经营者不停止销售的，由县级以上地方人民政府饲料管理部门责令停止销售；拒不停止销售的，没收违法所得，处1000元以上5万元以下罚款；情节严重的，责令停止经营，并通知工商行政管理部门，由工商行政管理部门吊销营业执照。

第四十六条 饲料、饲料添加剂生产企业、经营者有下列行为之一的，由县级以上地方人民政府饲料管理部门责令停止生产、经营，没收违法所得和违法生产、经营的产品，违法生产、经营的产品货值金额不足1万元的，并处2000元以上2万元以下罚款，货值金额1万元以上的，并处货值金额2倍以上5倍以下罚款；构成犯罪的，依法追究刑事责任：

（一）在生产、经营过程中，以非饲料、非饲料添加剂冒充饲料、饲料添加剂或者以此种饲料、饲料添加剂冒充他种饲料、饲料添加剂的；

（二）生产、经营无产品质量标准或者不符合产品质量标准的饲料、饲料添加剂的；

（三）生产、经营的饲料、饲料添加剂与标签标示的内容不一致的。

饲料、饲料添加剂生产企业有前款规定的行为，情节严重的，由发证机关吊销、撤销相关许可证明文件；饲料、饲料添加剂经营者有前款规定的行为，情节严重的，通知工商行政管理部门，由工商行政管理部门吊销营业执照。

第四十七条　养殖者有下列行为之一的，由县级人民政府饲料管理部门没收违法使用的产品和非法添加物质，对单位处 1 万元以上 5 万元以下罚款，对个人处 5000 元以下罚款；构成犯罪的，依法追究刑事责任：

（一）使用未取得新饲料、新饲料添加剂证书的新饲料、新饲料添加剂或者未取得饲料、饲料添加剂进口登记证的进口饲料、进口饲料添加剂的；

（二）使用无产品标签、无生产许可证、无产品质量标准、无产品质量检验合格证的饲料、饲料添加剂的；

（三）使用无产品批准文号的饲料添加剂、添加剂预混合饲料的；

（四）在饲料或者动物饮用水中添加饲料添加剂，不遵守国务院农业行政主管部门制定的饲料添加剂安全使用规范的；

（五）使用自行配制的饲料，不遵守国务院农业行政主管部门制定的自行配制饲料使用规范的；

（六）使用限制使用的物质养殖动物，不遵守国务院农业行政主管部门的限制性规定的；

（七）在反刍动物饲料中添加乳和乳制品以外的动物源性成分的。

在饲料或者动物饮用水中添加国务院农业行政主管部门公布禁用的物质以及对人体具有直接或者潜在危害的其他物质，或者直接使用上述物质养殖动物的，由县级以上地方人民政府饲料管理部门责令其对饲喂了违禁物质的动物进行无害化处理，处3万元以上10万元以下罚款；构成犯罪的，依法追究刑事责任。

第四十八条 养殖者对外提供自行配制的饲料的，由县级人民政府饲料管理部门责令改正，处2000元以上2万元以下罚款。

第五章 附 则

第四十九条 本条例下列用语的含义：

（一）饲料原料，是指来源于动物、植物、微生物或者矿物质，用于加工制作饲料但不属于饲料添加剂的饲用物质。

（二）单一饲料，是指来源于一种动物、植物、微生物或者矿物质，用于饲料产品生产的饲料。

（三）添加剂预混合饲料，是指由两种（类）或者两种（类）以上营养性饲料添加剂为主，与载体或者稀释剂按照一定比例配制的饲料，包括复合预混合饲料、微量元素预混合饲料、维生素预混合饲料。

（四）浓缩饲料，是指主要由蛋白质、矿物质和饲料添加剂按照一定比例配制的饲料。

（五）配合饲料，是指根据养殖动物营养需要，将多种饲料原料和饲料添加剂按照一定比例配制的饲料。

（六）精料补充料，是指为补充草食动物的营养，将多种饲料原料和饲料添加剂按照一定比例配制的饲料。

（七）营养性饲料添加剂，是指为补充饲料营养成分而掺入饲料中的少量或者微量物质，包括饲料级氨基酸、维生素、矿物质微量元素、酶制剂、非蛋白氮等。

（八）一般饲料添加剂，是指为保证或者改善饲料品质、提高饲料利用率而掺入饲料中的少量或者微量物质。

（九）药物饲料添加剂，是指为预防、治疗动物疾病而掺入载体或者稀释剂的兽药的预混合物质。

（十）许可证明文件，是指新饲料、新饲料添加剂证书，饲料、饲料添加剂进口登记证，饲料、饲料添加剂生产许可证，饲料添加剂、添加剂预混合饲料产品批准文号。

第五十条　药物饲料添加剂的管理，依照《兽药管理条例》的规定执行。

第五十一条　本条例自 2012 年 5 月 1 日起施行。

中华人民共和国刑法（节选）

一、危害公共安全罪

第一百一十四条　【放火罪、决水罪、爆炸罪、投放危险物质罪、以危险方法危害公共安全罪之一】放火、决水、爆炸以及投放毒害性、放射性、传染病病原体等物质或者以其他危险方法危害公共安全，尚未造成严重后果的，处三年以上十年以下有期徒刑。

第一百一十五条　【放火罪、决水罪、爆炸罪、投放危险物质罪、以危险方法危害公共安全罪之二】放火、决水、爆炸以及投放毒害性、放射性、传染病病原体等物质或者以其他危险方法致人重伤、死亡或者使公私财产遭受重大损失的，处十年以上有期徒刑、无期徒刑或者死刑。

过失犯前款罪的，处三年以上七年以下有期徒刑；情节较轻的，处三年以下有期徒刑或者拘役。

第二十五条　【共同犯罪概念】共同犯罪是指二人以上共同故意犯罪。

二人以上共同过失犯罪，不以共同犯罪论处；应当负刑事责任的，按照他们所犯的罪分别处罚。

第二十六条　【主犯】组织、领导犯罪集团进行犯罪活动的或者在共同犯罪中起主要作用的，是主犯。

三人以上为共同实施犯罪而组成的较为固定的犯罪组织，是犯罪集团。

对组织、领导犯罪集团的首要分子，按照集团所犯的全部罪行处罚。

对于第三款规定以外的主犯，应当按照其所参与的或者组织、指挥的全部犯罪处罚。

第二十七条　【从犯】在共同犯罪中起次要或者辅助作用的，是从犯。

对于从犯，应当从轻、减轻处罚或者免除处罚。

第五十五条　【剥夺政治权利的期限】剥夺政治权利的期限，除本法第五十七条规定外，为一年以上五年以下。

判处管制附加剥夺政治权利的，剥夺政治权利的期限与管制的期限相等，同时执行。

第五十六条　【剥夺政治权利的附加、独立适用】对于危害国家安全的犯罪分子应当附加剥夺政治权利；对于故意杀人、强奸、放火、爆炸、投毒、抢劫等严重破坏社会秩序的犯罪分子，可以附加剥夺政治权利。

独立适用剥夺政治权利的，依照本法分则的规定。

第五十七条　【对死刑、无期徒刑罪犯剥夺政治权利的适用】对于被判处死刑、无期徒刑的犯罪分子，应当剥夺政治权利终身。

在死刑缓期执行减为有期徒刑或者无期徒刑减为有期徒刑的时候，应当把附加剥夺政治权利的期限改为三年以上十年以下。

第六十四条　【犯罪物品的处理】犯罪分子违法所得的一切财物，应当予以追缴或者责令退赔；对被害人的合法财产，应当及时返还;违禁品和供犯罪所用的本人财物,应当予以没收。没收的财物和罚金,一律上缴国库,不得挪用和自行处理。

二、非法经营罪

第二百二十五条　【非法经营罪】违反国家规定,有下列非法经营行为之一,扰乱市场秩序,情节严重的,处五年以下有期徒刑或者拘役,并处或者单处违法所得一倍以上五倍以下罚金;情节特别严重的,处五年以上有期徒刑,并处违法所得一倍以上五倍以下罚金或者没收财产:

(一)未经许可经营法律、行政法规规定的专营、专卖物品或者其他限制买卖的物品的;

……

(四)其他严重扰乱市场秩序的非法经营行为。

第六十七条　【自首】犯罪以后自动投案,如实供述自己的罪行的,是自首。对于自首的犯罪分子,可以从轻或者减轻处罚。其中,犯罪较轻的,可以免除处罚。

被采取强制措施的犯罪嫌疑人、被告人和正在服刑的罪犯,如实供述司法机关还未掌握的本人其他罪行的,以自首论。

犯罪嫌疑人虽不具有前两款规定的自首情节,但是如实供述自己罪行的,可以从轻处罚;因其如实供述自己罪行,避免特别严重后果发生的,可以减轻处罚。

第五十二条　【罚金数额的裁量】判处罚金,应当根据犯罪情节决定罚金数额。

第五十三条　【罚金的缴纳、减免】罚金在判决指定的期限内一次或者分期缴纳。期满不缴纳的,强制缴纳。对于不能全部缴纳罚金的,人民法院在任何时候发现被执行人有可以执行的财产,应当随时追缴。

由于遭遇不能抗拒的灾祸等原因缴纳确实有困难的,经人民法院裁定,可以延期缴纳、酌情减少或者免除。

第七十二条　【缓刑的适用条件】对于被判处拘役、三年以下有期徒刑的犯罪分子,同时符合下列条件的,可以宣告缓刑,对其中不满十八周岁的人、怀孕的妇女和已满七十五周岁的人,应当宣告缓刑:

(一)犯罪情节较轻;

(二)有悔罪表现;

(三)没有再犯罪的危险;

(四)宣告缓刑对所居住社区没有重大不良影响。

宣告缓刑,可以根据犯罪情况,同时禁止犯罪分子在缓刑考验期限内从事特定活动,进入特定区域、场所,接触特定的人。

被宣告缓刑的犯罪分子,如果被判处附加刑,附加刑仍须执行。

第七十三条　【缓刑的考验期限】拘役的缓刑考验期限为原判刑期以上一年以下,但是不能少于二个月。

有期徒刑的缓刑考验期限为原判刑期以上五年以下,但是不能少于一年。

缓刑考验期限,从判决确定之日起计算。

三、帮助毁灭证据罪

第三百零七条　【妨害作证罪;帮助毁灭、伪造证据罪】以暴力、威胁、贿买等方法阻止证人作证或者指使他人作伪证的,处三年以下有期徒刑或者拘役;情节严重的,处三年以上七年以下有期徒刑。

帮助当事人毁灭、伪造证据,情节严重的,处三年以下有期徒刑或者拘役。

司法工作人员犯前两款罪的,从重处罚。

第二十一条　【紧急避险】为了使国家、公共利益、本人或者他人的人身、财产和其他权利免受正在发生的危险,不得已采取的紧急避险行为,造成损害的,不负刑事责任。

紧急避险超过必要限度造成不应有的损害的,应当负刑事责任,但是应当减轻或者免除处罚。

第一款中关于避免本人危险的规定,不适用于职务上、业务上负有特定责任的人。

第六十一条　【量刑的事实根据与法律依据】对于犯罪分子决定刑罚的时候,应当根据犯罪的事实、犯罪的性质、情节和对于社会的危害程度,依照本法的有关规定判处。

第七十二条　【缓刑的适用条件】对于被判处拘役、三年以下有期徒刑的犯罪分子,同时符合下列条件的,可以宣告缓刑,对其中不满十八周岁的人、怀孕的妇女和已满七十五周岁的人,应当宣告缓刑:

(一)犯罪情节较轻;

(二)有悔罪表现;

(三)没有再犯罪的危险;

(四)宣告缓刑对所居住社区没有重大不良影响。

宣告缓刑,可以根据犯罪情况,同时禁止犯罪分子在缓刑考验期限内从事特定活动,进入特定区域、场所,接触特定的人。

被宣告缓刑的犯罪分子,如果被判处附加刑,附加刑仍须执行。

第七十三条　【缓刑的考验期限】拘役的缓刑考验期限为原判刑

期以上一年以下,但是不能少于二个月。

有期徒刑的缓刑考验期限为原判刑期以上五年以下,但是不能少于一年。

缓刑考验期限,从判决确定之日起计算。

四、行贿罪

第三百八十九条　【行贿罪】为谋取不正当利益,给予国家工作人员以财物的,是行贿罪。

在经济往来中,违反国家规定,给予国家工作人员以财物,数额较大的,或者违反国家规定,给予国家工作人员以各种名义的回扣、手续费的,以行贿论处。

因被勒索给予国家工作人员以财物,没有获得不正当利益的,不是行贿。

第三百九十条　【对犯行贿罪的处罚;关联行贿罪】对犯行贿罪的,处五年以下有期徒刑或者拘役,并处罚金;因行贿谋取不正当利益,情节严重的,或者使国家利益遭受重大损失的,处五年以上十年以下有期徒刑,并处罚金;情节特别严重的,或者使国家利益遭受特别重大损失的,处十年以上有期徒刑或者无期徒刑,并处罚金或者没收财产。

行贿人在被追诉前主动交待行贿行为的,可以从轻或者减轻处罚。其中,犯罪较轻的,对侦破重大案件起关键作用的,或者有重大立功表现的,可以减轻或者免除处罚。

第三百九十条之一　【对有影响力的人行贿罪】为谋取不正当利益,向国家工作人员的近亲属或者其他与该国家工作人员关系密切的人,或者向离职的国家工作人员或者其近亲属以及其他与其关系密切的人行贿的,处三年以下有期徒刑或者拘役,并处罚金;情节严重的,或者使国家利益遭受重大损失的,处三年以上七年以下有期徒刑,并处罚金;情节特别严重的,或者使国家利益遭受特别重大损失的,处七年以上十年以下有期徒刑,并处罚金。

单位犯前款罪的,对单位判处罚金,并对其直接负责的主管人员和其他直接责任人员,处三年以下有期徒刑或者拘役,并处罚金。

第三百九十一条 【对单位行贿罪】为谋取不正当利益,给予国家机关、国有公司、企业、事业单位、人民团体以财物的,或者在经济往来中,违反国家规定,给予各种名义的回扣、手续费的,处三年以下有期徒刑或者拘役,并处罚金。

单位犯前款罪的,对单位判处罚金,并对其直接负责的主管人员和其他直接责任人员,依照前款的规定处罚。

第三百九十三条 【单位行贿罪】单位为谋取不正当利益而行贿,或者违反国家规定,给予国家工作人员以回扣、手续费,情节严重的,对单位判处罚金,并对其直接负责的主管人员和其他直接责任人员,处五年以下有期徒刑或者拘役,并处罚金。因行贿取得的违法所得归个人所有的,依照本法第三百八十九条、第三百九十条的规定定罪处罚。

第三十一条 【单位犯罪的处罚原则】单位犯罪的,对单位判处罚金,并对其直接负责的主管人员和其他直接责任人员判处刑罚。本法分则和其他法律另有规定的,依照规定。

第六十一条 【量刑的事实根据与法律依据】对于犯罪分子决定刑罚的时候,应当根据犯罪的事实、犯罪的性质、情节和对于社会的危害程度,依照本法的有关规定判处。

五、受贿罪

第一百六十三条　【非国家工作人员受贿罪】公司、企业或者其他单位的工作人员，利用职务上的便利，索取他人财物或者非法收受他人财物，为他人谋取利益，数额较大的，处三年以下有期徒刑或者拘役，并处罚金；数额巨大或者有其他严重情节的，处三年以上十年以下有期徒刑，并处罚金；数额特别巨大或者有其他特别严重情节的，处十年以上有期徒刑或者无期徒刑，并处罚金。

公司、企业或者其他单位的工作人员在经济往来中，利用职务上的便利，违反国家规定，收受各种名义的回扣、手续费，归个人所有的，依照前款的规定处罚。

国有公司、企业或者其他国有单位中从事公务的人员和国有公司、企业或者其他国有单位委派到非国有公司、企业以及其他单位从事公务的人员有前两款行为的，依照本法第三百八十五条、第三百八十六条的规定定罪处罚。

第一百八十四条　【公司、企业人员受贿罪】银行或者其他金融机构的工作人员在金融业务活动中索取他人财物或者非法收受他人财物，为他人谋取利益的，或者违反国家规定，收受各种名义的回扣、手续费，归个人所有的，依照本法第一百六十三条的规定定罪处罚。

国有金融机构工作人员和国有金融机构委派到非国有金融机构从事公务的人员有前款行为的，依照本法第三百八十五条、第三百八十六条的规定定罪处罚。

第三百八十五条　【受贿罪】国家工作人员利用职务上的便利，索取他人财物的，或者非法收受他人财物，为他人谋取利益的，是受贿罪。

国家工作人员在经济往来中，违反国家规定，收受各种名义的回扣、手续费，归个人所有的，以受贿论处。

第三百八十六条　【对犯受贿罪的处罚规定】对犯受贿罪的，根据受贿所得数额及情节，依照本法第三百八十三条的规定处罚。索贿的从重处罚。

第三百八十七条　【单位受贿罪】国家机关、国有公司、企业、事业单位、人民团体，索取、非法收受他人财物，为他人谋取利益，情节严重的，对单位判处罚金，并对其直接负责的主管人员和其他直接责任人员，处五年以下有期徒刑或者拘役。

前款所列单位，在经济往来中，在帐外暗中收受各种名义的回扣、手续费的，以受贿论，依照前款的规定处罚。

第三百八十八条　【受贿罪；利用影响力受贿罪】国家工作人员利用本人职权或者地位形成的便利条件，通过其他国家工作人员职务上的行为，为请托人谋取不正当利益，索取请托人财物或者收受请托人财物的，以受贿论处。

第六十一条　【量刑的事实根据与法律依据】对于犯罪分子决定刑罚的时候，应当根据犯罪的事实、犯罪的性质、情节和对于社会的危害程度，依照本法的有关规定判处。

六、渎职罪

第四百零八条　【环境监管失职罪】负有环境保护监督管理职责的国家机关工作人员严重不负责任，导致发生重大环境污染事故，致使公私财产遭受重大损失或者造成人身伤亡的严重后果的，处三年以下有期徒刑或者拘役。

第四百零八条之一　【食品监管渎职罪】负有食品药品安全监督管理职责的国家机关工作人员，滥用职权或者玩忽职守，有下列情形之一，造成严重后果或者有其他严重情节的，处五年以下有期徒刑或者拘役；造成特别严重后果或者有其他特别严重情节的，处五年以上十年以下有期徒刑：

（一）瞒报、谎报食品安全事故、药品安全事件的；

（二）对发现的严重食品药品安全违法行为未按规定查处的；

（三）在药品和特殊食品审批审评过程中，对不符合条件的申请准予许可的；

（四）依法应当移交司法机关追究刑事责任不移交的；

（五）有其他滥用职权或者玩忽职守行为的。

徇私舞弊犯前款罪的，从重处罚。

第三百九十七条　【滥用职权罪；玩忽职守罪】国家机关工作人员滥用职权或者玩忽职守，致使公共财产、国家和人民利益遭受重大损失的，处三年以下有期徒刑或者拘役；情节特别严重的，处三年以上七年以下有期徒刑。本法另有规定的，依照规定。

国家机关工作人员徇私舞弊，犯前款罪的，处五年以下有期徒刑或者拘役；情节特别严重的，处五年以上十年以下有期徒刑。本法另有规定的，依照规定。

第六十一条　【量刑的事实根据与法律依据】对于犯罪分子决定刑罚的时候，应当根据犯罪的事实、犯罪的性质、情节和对于社会的危害程度，依照本法的有关规定判处。

第六十七条　【自首】犯罪以后自动投案，如实供述自己的罪行的，是自首。对于自首的犯罪分子，可以从轻或者减轻处罚。其中，犯罪较轻的,可以免除处罚。

被采取强制措施的犯罪嫌疑人、被告人和正在服刑的罪犯,如实供述司法机关还未掌握的本人其他罪行的,以自首论。

犯罪嫌疑人虽不具有前两款规定的自首情节,但是如实供述自己罪行的,可以从轻处罚;因其如实供述自己罪行,避免特别严重后果发生的,可以减轻处罚。

第六十九条 【判决宣告前一人犯数罪的并罚】判决宣告以前一人犯数罪的,除判处死刑和无期徒刑的以外,应当在总和刑期以下、数刑中最高刑期以上,酌情决定执行的刑期,但是管制最高不能超过三年,拘役最高不能超过一年,有期徒刑总和刑期不满三十五年的,最高不能超过二十年,总和刑期在三十五年以上的,最高不能超过二十五年。

数罪中有判处有期徒刑和拘役的,执行有期徒刑。数罪中有判处有期徒刑和管制,或者拘役和管制的,有期徒刑、拘役执行完毕后,管制仍须执行。

数罪中有判处附加刑的,附加刑仍须执行,其中附加刑种类相同的,合并执行,种类不同的,分别执行。

第九十三条 【国家工作人员的范围】本法所称国家工作人员,是指国家机关中从事公务的人员。

国有公司、企业、事业单位、人民团体中从事公务的人员和国家机关、国有公司、企业、事业单位委派到非国有公司、企业、事业单位、社会团体从事公务的人员,以及其他依照法律从事公务的人员,以国家工作人员论。

七、生产、销售伪劣产品罪

第一百四十条　【生产、销售伪劣产品罪】生产者、销售者在产品中掺杂、掺假，以假充真，以次充好或者以不合格产品冒充合格产品，销售金额五万元以上不满二十万元的，处二年以下有期徒刑或者拘役，并处或者单处销售金额百分之五十以上二倍以下罚金；销售金额二十万元以上不满五十万元的，处二年以上七年以下有期徒刑，并处销售金额百分之五十以上二倍以下罚金；销售金额五十万元以上不满二百万元的，处七年以上有期徒刑，并处销售金额百分之五十以上二倍以下罚金；销售金额二百万元以上的，处十五年有期徒刑或者无期徒刑，并处销售金额百分之五十以上二倍以下罚金或者没收财产。

第一百四十七条　【生产、销售伪劣农药、兽药、化肥、种子罪】生产假农药、假兽药、假化肥，销售明知是假的或者失去使用效能的农药、兽药、化肥、种子，或者生产者、销售者以不合格的农药、兽药、化肥、种子冒充合格的农药、兽药、化肥、种子，使生产遭受较大损失的，处三年以下有期徒刑或者拘役，并处或者单处销售金额百分之五十以上二倍以下罚金；使生产遭受重大损失的，处三年以上七年以下有期徒刑，并处销售金额百分之五十以上二倍以下罚金；使生产遭受特别重大损失的，处七年以上有期徒刑或者无期徒刑，并处销售金额百分之五十以上二倍以下罚金或者没收财产。

第一百四十九条　【对生产、销售伪劣商品行为的法条适用原则】生产、销售本节第一百四十一条至第一百四十八条所列产品，不构成各该条规定的犯罪，但是销售金额在五万元以上的，依照本节第一百四十条的规定定罪处罚。

生产、销售本节第一百四十一条至第一百四十八条所列产品，构成各该条规定的犯罪，同时又构成本节第一百四十条规定之罪的，依照处罚较重的规定定罪处罚。

第二十五条 【共同犯罪概念】共同犯罪是指二人以上共同故意犯罪。

二人以上共同过失犯罪，不以共同犯罪论处；应当负刑事责任的，按照他们所犯的罪分别处罚。

第二十六条 【主犯】组织、领导犯罪集团进行犯罪活动的或者在共同犯罪中起主要作用的，是主犯。

三人以上为共同实施犯罪而组成的较为固定的犯罪组织，是犯罪集团。

对组织、领导犯罪集团的首要分子，按照集团所犯的全部罪行处罚。

对于第三款规定以外的主犯，应当按照其所参与的或者组织、指挥的全部犯罪处罚。

第二十七条 【从犯】在共同犯罪中起次要或者辅助作用的，是从犯。

对于从犯，应当从轻、减轻处罚或者免除处罚。

第五十六条 【剥夺政治权利的附加、独立适用】对于危害国家安全的犯罪分子应当附加剥夺政治权利；对于故意杀人、强奸、放火、爆炸、投毒、抢劫等严重破坏社会秩序的犯罪分子，可以附加剥夺政治权利。

独立适用剥夺政治权利的，依照本法分则的规定。

第五十七条 【对死刑、无期徒刑罪犯剥夺政治权利的适用】对于被判处死刑、无期徒刑的犯罪分子，应当剥夺政治权利终身。

在死刑缓期执行减为有期徒刑或者无期徒刑减为有期徒刑的时候，应当把附加剥夺政治权利的期限改为三年以上十年以下。

第六十七条　【自首】犯罪以后自动投案，如实供述自己的罪行的，是自首。对于自首的犯罪分子，可以从轻或者减轻处罚。其中，犯罪较轻的，可以免除处罚。

被采取强制措施的犯罪嫌疑人、被告人和正在服刑的罪犯，如实供述司法机关还未掌握的本人其他罪行的，以自首论。

犯罪嫌疑人虽不具有前两款规定的自首情节，但是如实供述自己罪行的，可以从轻处罚；因其如实供述自己罪行，避免特别严重后果发生的，可以减轻处罚。

八、生产、销售有毒、有害食品罪

第一百四十四条　【生产、销售有毒、有害食品罪】在生产、销售的食品中掺入有毒、有害的非食品原料的，或者销售明知掺有有毒、有害的非食品原料的食品的，处五年以下有期徒刑，并处罚金；对人体健康造成严重危害或者有其他严重情节的，处五年以上十年以下有期徒刑，并处罚金；致人死亡或者有其他特别严重情节的，依照本法第一百四十一条的规定处罚。

第二十五条　【共同犯罪概念】共同犯罪是指二人以上共同故意犯罪。

二人以上共同过失犯罪，不以共同犯罪论处；应当负刑事责任的，按照他们所犯的罪分别处罚。

第三十条　【单位负刑事责任的范围】公司、企业、事业单位、机关、团体实施的危害社会的行为，法律规定为单位犯罪的，应当负刑事责任。

第三十一条　【单位犯罪的处罚原则】单位犯罪的，对单位判处罚金，并对其直接负责的主管人员和其他直接责任人员判处刑罚。本法分则和其他法律另有规定的，依照规定。

第三十七条之一　因利用职业便利实施犯罪，或者实施违背职业要求的特定义务的犯罪被判处刑罚的，人民法院可以根据犯罪情况和预防再犯罪的需要，禁止其自刑罚执行完毕之日或者假释之日起从事相关职业，期限为三年至五年。

被禁止从事相关职业的人违反人民法院依照前款规定作出的决定的，由公安机关依法给予处罚；情节严重的，依照本法第三百一十三条的规定定罪处罚。

其他法律、行政法规对其从事相关职业另有禁止或者限制性规定的，从其规定。

第六十七条　【自首】犯罪以后自动投案，如实供述自己的罪行的，是自首。对于自首的犯罪分子，可以从轻或者减轻处罚。其中，犯罪较轻的，可以免除处罚。

被采取强制措施的犯罪嫌疑人、被告人和正在服刑的罪犯，如实供述司法机关还未掌握的本人其他罪行的，以自首论。

犯罪嫌疑人虽不具有前两款规定的自首情节，但是如实供述自己罪行的，可以从轻处罚；因其如实供述自己罪行，避免特别严重后果发生的，可以减轻处罚。

第一百五十条　【单位犯生产、销售伪劣商品罪的处罚规定】单位犯本节第一百四十条至第一百四十八条规定之罪的，对单位判处罚金，并对其直接负责的主管人员和其他直接责任人员，依照各该条的规定处罚。

国务院关于加强食品等产品安全监督管理的特别规定

（中华人民共和国国务院令第 503 号）

第一条 为了加强食品等产品安全监督管理，进一步明确生产经营者、监督管理部门和地方人民政府的责任，加强各监督管理部门的协调、配合，保障人体健康和生命安全，制定本规定。

第二条 本规定所称产品除食品外，还包括食用农产品、药品等与人体健康和生命安全有关的产品。

对产品安全监督管理，法律有规定的，适用法律规定；法律没有规定或者规定不明确的，适用本规定。

第三条 生产经营者应当对其生产、销售的产品安全负责，不得生产、销售不符合法定要求的产品。

依照法律、行政法规规定生产、销售产品需要取得许可证照或者需要经过认证的，应当按照法定条件、要求从事生产经营活动。不按照法定条件、要求从事生产经营活动或者生产、销售不符合法定要求产品的，由农业、卫生、质检、商务、工商、药品等监督管理部门依据各自职责，没收违法所得、产品和用于违法生产的工具、设备、原材料等物品，货值金额不足 5000 元的，并处 5 万元罚款；货值金额 5000 元以上不足1万元的,并处10万元罚款;货值金额1万元以上的,并处货值金额10倍以上20倍以下的罚款;造成严重后果的,由原发证部门吊销许可证照;构成非法经营罪或者生产、销售伪劣商品罪等犯罪的,依法追究刑事责任。

生产经营者不再符合法定条件、要求,继续从事生产经营活动的,由原发证部门吊销许可证照,并在当地主要媒体上公告被吊销许可证照的生产经营者名单;构成非法经营罪或者生产、销售伪劣商品罪等犯罪的,依法追究刑事责任。

依法应当取得许可证照而未取得许可证照从事生产经营活动的,由农业、卫生、质检、商务、工商、药品等监督管理部门依据各自职责,没收违法所得、产品和用于违法生产的工具、设备、原材料等物品,货值金额不足1万元的,并处10万元罚款;货值金额1万元以上的,并处货值金额10倍以上20倍以下的罚款;构成非法经营罪的,依法追究刑事责任。

有关行业协会应当加强行业自律,监督生产经营者的生产经营活动;加强公众健康知识的普及、宣传,引导消费者选择合法生产经营者生产、销售的产品以及有合法标识的产品。

第四条　生产者生产产品所使用的原料、辅料、添加剂、农业投入品,应当符合法律、行政法规的规定和国家强制性标准。

违反前款规定,违法使用原料、辅料、添加剂、农业投入品的,由农业、卫生、质检、商务、药品等监督管理部门依据各自职责没收违法所得,货值金额不足5000元的,并处2万元罚款;货值金额5000元以上不足1万元的,并处5万元罚款;货值金额1万元以上的,并处货值金额5倍以上10倍以下的罚款;造成严重后果的,由原发证部门吊销许可证照;构成生产、销售伪劣商品罪的,依法追究刑事责任。

第五条　销售者必须建立并执行进货检查验收制度，审验供货商的经营资格，验明产品合格证明和产品标识，并建立产品进货台账，如实记录产品名称、规格、数量、供货商及其联系方式、进货时间等内容。从事产品批发业务的销售企业应当建立产品销售台账，如实记录批发的产品品种、规格、数量、流向等内容。在产品集中交易场所销售自制产品的生产企业应当比照从事产品批发业务的销售企业的规定，履行建立产品销售台账的义务。进货台账和销售台账保存期限不得少于2年。销售者应当向供货商按照产品生产批次索要符合法定条件的检验机构出具的检验报告或者由供货商签字或者盖章的检验报告复印件；不能提供检验报告或者检验报告复印件的产品，不得销售。

违反前款规定的，由工商、药品监督管理部门依据各自职责责令停止销售；不能提供检验报告或者检验报告复印件销售产品的，没收违法所得和违法销售的产品，并处货值金额3倍的罚款；造成严重后果的，由原发证部门吊销许可证照。

第六条　产品集中交易市场的开办企业、产品经营柜台出租企业、产品展销会的举办企业，应当审查入场销售者的经营资格，明确入场销售者的产品安全管理责任，定期对入场销售者的经营环境、条件、内部安全管理制度和经营产品是否符合法定要求进行检查，发现销售不符合法定要求产品或者其他违法行为的，应当及时制止并立即报告所在地工商行政管理部门。

违反前款规定的，由工商行政管理部门处以1000元以上5万元以下的罚款；情节严重的，责令停业整顿；造成严重后果的，吊销营业执照。

第七条　出口产品的生产经营者应当保证其出口产品符合进口国（地区）的标准或者合同要求。法律规定产品必须经过检验方可出口的,应当经符合法律规定的机构检验合格。

出口产品检验人员应当依照法律、行政法规规定和有关标准、程序、方法进行检验,对其出具的检验证单等负责。

出入境检验检疫机构和商务、药品等监督管理部门应当建立出口产品的生产经营者良好记录和不良记录,并予以公布。对有良好记录的出口产品的生产经营者,简化检验检疫手续。

出口产品的生产经营者逃避产品检验或者弄虚作假的,由出入境检验检疫机构和药品监督管理部门依据各自职责,没收违法所得和产品,并处货值金额3倍的罚款;构成犯罪的,依法追究刑事责任。

第八条 进口产品应当符合我国国家技术规范的强制性要求以及我国与出口国(地区)签订的协议规定的检验要求。

质检、药品监督管理部门依据生产经营者的诚信度和质量管理水平以及进口产品风险评估的结果,对进口产品实施分类管理,并对进口产品的收货人实施备案管理。进口产品的收货人应当如实记录进口产品流向。记录保存期限不得少于2年。

质检、药品监督管理部门发现不符合法定要求产品时,可以将不符合法定要求产品的进货人、报检人、代理人列入不良记录名单。进口产品的进货人、销售者弄虚作假的,由质检、药品监督管理部门依据各自职责,没收违法所得和产品,并处货值金额3倍的罚款;构成犯罪的,依法追究刑事责任。进口产品的报检人、代理人弄虚作假的,取消报检资格,并处货值金额等值的罚款。

第九条 生产企业发现其生产的产品存在安全隐患,可能对人体健康和生命安全造成损害的,应当向社会公布有关信息,通知销售者停止销售,告知消费者停止使用,主动召回产品,并向有关监督管理部门报告;销售者应当立即停止销售该产品。销售者发现其销售的产品存在安全隐患，可能对人体健康和生命安全造成损害的，应当立即停止销售该产品，通知生产企业或者供货商，并向有关监督管理部门报告。

生产企业和销售者不履行前款规定义务的，由农业、卫生、质检、商务、工商、药品等监督管理部门依据各自职责，责令生产企业召回产品、销售者停止销售，对生产企业并处货值金额3倍的罚款，对销售者并处1000元以上5万元以下的罚款；造成严重后果的，由原发证部门吊销许可证照。

第十条　县级以上地方人民政府应当将产品安全监督管理纳入政府工作考核目标，对本行政区域内的产品安全监督管理负总责，统一领导、协调本行政区域内的监督管理工作，建立健全监督管理协调机制，加强对行政执法的协调、监督；统一领导、指挥产品安全突发事件应对工作，依法组织查处产品安全事故；建立监督管理责任制，对各监督管理部门进行评议、考核。质检、工商和药品等监督管理部门应当在所在地同级人民政府的统一协调下，依法做好产品安全监督管理工作。

县级以上地方人民政府不履行产品安全监督管理的领导、协调职责，本行政区域内一年多次出现产品安全事故、造成严重社会影响的，由监察机关或者任免机关对政府的主要负责人和直接负责的主管人员给予记大过、降级或者撤职的处分。

第十一条　国务院质检、卫生、农业等主管部门在各自职责范围内尽快制定、修改或者起草相关国家标准，加快建立统一管理、协调配套、符合实际、科学合理的产品标准体系。

第十二条　县级以上人民政府及其部门对产品安全实施监督管理，应当按照法定权限和程序履行职责，做到公开、公平、公正。对生产经营者同一违法行为，不得给予 2 次以上罚款的行政处罚；对涉嫌构成犯罪、依法需要追究刑事责任的，应当依照《行政执法机关移送涉嫌犯罪案件的规定》，向公安机关移送。

农业、卫生、质检、商务、工商、药品等监督管理部门应当依据各自职责对生产经营者进行监督检查，并对其遵守强制性标准、法定要求的情况予以记录，由监督检查人员签字后归档。监督检查记录应当作为其直接负责主管人员定期考核的内容。公众有权查阅监督检查记录。

第十三条 生产经营者有下列情形之一的，农业、卫生、质检、商务、工商、药品等监督管理部门应当依据各自职责采取措施，纠正违法行为，防止或者减少危害发生，并依照本规定予以处罚：

（一）依法应当取得许可证照而未取得许可证照从事生产经营活动的；

（二）取得许可证照或者经过认证后，不按照法定条件、要求从事生产经营活动或者生产、销售不符合法定要求产品的；

（三）生产经营者不再符合法定条件、要求继续从事生产经营活动的；

（四）生产者生产产品不按照法律、行政法规的规定和国家强制性标准使用原料、辅料、添加剂、农业投入品的；

（五）销售者没有建立并执行进货检查验收制度，并建立产品进货台账的；

（六）生产企业和销售者发现其生产、销售的产品存在安全隐患，可能对人体健康和生命安全造成损害，不履行本规定的义务的；

（七）生产经营者违反法律、行政法规和本规定的其他有关规定的。

农业、卫生、质检、商务、工商、药品等监督管理部门不履行前款规定职责、造成后果的，由监察机关或者任免机关对其主要负责人、直接负责的主管人员和其他直接责任人员给予记大过或者降级的处分；造成严重后果的，给予其主要负责人、直接负责的主管人员和其他直接责任人员撤职或者开除的处分；其主要负责人、直接负责的主管人员和其他直接责任人员构成渎职罪的，依法追究刑事责任。

违反本规定，滥用职权或者有其他渎职行为的，由监察机关或者任免机关对其主要负责人、直接负责的主管人员和其他直接责任人员给予记过或者记大过的处分；造成严重后果的，给予其主要负责人、直接负责的主管人员和其他直接责任人员降级或者撤职的处分；其主要负责人、直接负责的主管人员和其他直接责任人员构成渎职罪的，依法追究刑事责任。

第十四条　农业、卫生、质检、商务、工商、药品等监督管理部门发现违反本规定的行为，属于其他监督管理部门职责的，应当立即书面通知并移交有权处理的监督管理部门处理。有权处理的部门应当立即处理，不得推诿；因不立即处理或者推诿造成后果的，由监察机关或者任免机关对其主要负责人、直接负责的主管人员和其他直接责任人员给予记大过或者降级的处分。

第十五条　农业、卫生、质检、商务、工商、药品等监督管理部门履行各自产品安全监督管理职责，有下列职权：

（一）进入生产经营场所实施现场检查；

（二）查阅、复制、查封、扣押有关合同、票据、账簿以及其他有关资料；

（三）查封、扣押不符合法定要求的产品，违法使用的原料、辅料、添加剂、农业投入品以及用于违法生产的工具、设备；

(四)查封存在危害人体健康和生命安全重大隐患的生产经营场所。

第十六条 农业、卫生、质检、商务、工商、药品等监督管理部门应当建立生产经营者违法行为记录制度,对违法行为的情况予以记录并公布;对有多次违法行为记录的生产经营者,吊销许可证照。

第十七条 检验检测机构出具虚假检验报告,造成严重后果的,由授予其资质的部门吊销其检验检测资质;构成犯罪的,对直接负责的主管人员和其他直接责任人员依法追究刑事责任。

第十八条 发生产品安全事故或者其他对社会造成严重影响的产品安全事件时,农业、卫生、质检、商务、工商、药品等监督管理部门必须在各自职责范围内及时作出反应,采取措施,控制事态发展,减少损失,依照国务院规定发布信息,做好有关善后工作。

第十九条 任何组织或者个人对违反本规定的行为有权举报。接到举报的部门应当为举报人保密。举报经调查属实的,受理举报的部门应当给予举报人奖励。

农业、卫生、质检、商务、工商、药品等监督管理部门应当公布本单位的电子邮件地址或者举报电话;对接到的举报,应当及时、完整地进行记录并妥善保存。举报的事项属于本部门职责的,应当受理,并依法进行核实、处理、答复;不属于本部门职责的,应当转交有权处理的部门,并告知举报人。

第二十条 本规定自公布之日起施行。

最高人民法院、最高人民检察院关于办理非法生产、销售、使用禁止在饲料和动物饮用水中使用的药品等刑事案件具体应用法律若干问题的解释

（最高人民法院审判委员会第1237次会议、最高人民检察院第九届检察委员会第109次会议通过　2002年8月16日最高人民法院、最高人民检察院公告公布　自2002年8月23日起施行　法释〔2002〕26号）

为依法惩治非法生产、销售、使用盐酸克仑特罗（Clenbuterol Hydrochloride，俗称"瘦肉精"）等禁止在饲料和动物饮用水中使用的药品等犯罪活动，维护社会主义市场经济秩序，保护公民身体健康，根据刑法有关规定，现就办理这类刑事案件具体应用法律的若干问题解释如下：

第一条　未取得药品生产、经营许可证件和批准文号，非法生产、销售盐酸克仑特罗等禁止在饲料和动物饮用水中使用的药品，扰乱药品市场秩序，情节严重的，依照刑法第二百二十五条第（一）项的规

定,以非法经营罪追究刑事责任。

第二条 在生产、销售的饲料中添加盐酸克仑特罗等禁止在饲料和动物饮用水中使用的药品,或者销售明知是添加有该类药品的饲料,情节严重的,依照刑法第二百二十五条第(四)项的规定,以非法经营罪追究刑事责任。

第三条 使用盐酸克仑特罗等禁止在饲料和动物饮用水中使用的药品或者含有该类药品的饲料养殖供人食用的动物,或者销售明知是使用该类药品或者含有该类药品的饲料养殖的供人食用的动物的,依照刑法第一百四十四条的规定,以生产、销售有毒、有害食品罪追究刑事责任。

第四条 明知是使用盐酸克仑特罗等禁止在饲料和动物饮用水中使用的药品或者含有该类药品的饲料养殖的供人食用的动物,而提供屠宰等加工服务,或者销售其制品的,依照刑法第一百四十四条的规定,以生产、销售有毒、有害食品罪追究刑事责任。

第五条 实施本解释规定的行为,同时触犯刑法规定的两种以上犯罪的,依照处罚较重的规定追究刑事责任。

第六条 禁止在饲料和动物饮用水中使用的药品,依照国家有关部门公告的禁止在饲料和动物饮用水中使用的药物品种目录确定。

最高人民法院、最高人民检察院关于办理危害食品安全刑事案件适用法律若干问题的解释

（2021年12月13日最高人民法院审判委员会第1856次会议、2021年12月29日最高人民检察院第十三届检察委员会第八十四次会议通过　自2022年1月1日起施行　法释〔2021〕24号）

为依法惩治危害食品安全犯罪，保障人民群众身体健康、生命安全，根据《中华人民共和国刑法》《中华人民共和国刑事诉讼法》的有关规定，对办理此类刑事案件适用法律的若干问题解释如下：

第一条　生产、销售不符合食品安全标准的食品，具有下列情形之一的，应当认定为刑法第一百四十三条规定的“足以造成严重食物中毒事故或者其他严重食源性疾病”：

（一）含有严重超出标准限量的致病性微生物、农药残留、兽药残留、生物毒素、重金属等污染物质以及其他严重危害人体健康的物质的；

（二）属于病死、死因不明或者检验检疫不合格的畜、禽、兽、水产动物肉类及其制品的；

（三）属于国家为防控疾病等特殊需要明令禁止生产、销售的；

（四）特殊医学用途配方食品、专供婴幼儿的主辅食品营养成分严重不符合食品安全标准的；

（五）其他足以造成严重食物中毒事故或者严重食源性疾病的情形。

第二条 生产、销售不符合食品安全标准的食品，具有下列情形之一的，应当认定为刑法第一百四十三条规定的“对人体健康造成严重危害”：

（一）造成轻伤以上伤害的；

（二）造成轻度残疾或者中度残疾的；

（三）造成器官组织损伤导致一般功能障碍或者严重功能障碍的；

（四）造成十人以上严重食物中毒或者其他严重食源性疾病的；

（五）其他对人体健康造成严重危害的情形。

第三条 生产、销售不符合食品安全标准的食品，具有下列情形之一的，应当认定为刑法第一百四十三条规定的“其他严重情节”：

（一）生产、销售金额二十万元以上的；

（二）生产、销售金额十万元以上不满二十万元，不符合食品安全标准的食品数量较大或者生产、销售持续时间六个月以上的；

（三）生产、销售金额十万元以上不满二十万元，属于特殊医学用途配方食品、专供婴幼儿的主辅食品的；

（四）生产、销售金额十万元以上不满二十万元，且在中小学校园、托幼机构、养老机构及周边面向未成年人、老年人销售的；

（五）生产、销售金额十万元以上不满二十万元，曾因危害食品安全犯罪受过刑事处罚或者二年内因危害食品安全违法行为受过行政处罚的；

（六）其他情节严重的情形。

第四条　生产、销售不符合食品安全标准的食品，具有下列情形之一的，应当认定为刑法第一百四十三条规定的“后果特别严重”：

（一）致人死亡的；

（二）造成重度残疾以上的；

（三）造成三人以上重伤、中度残疾或者器官组织损伤导致严重功能障碍的；

（四）造成十人以上轻伤、五人以上轻度残疾或者器官组织损伤导致一般功能障碍的；

（五）造成三十人以上严重食物中毒或者其他严重食源性疾病的；

（六）其他特别严重的后果。

第五条　在食品生产、销售、运输、贮存等过程中，违反食品安全标准，超限量或者超范围滥用食品添加剂，足以造成严重食物中毒事故或者其他严重食源性疾病的，依照刑法第一百四十三条的规定以生产、销售不符合安全标准的食品罪定罪处罚。

在食用农产品种植、养殖、销售、运输、贮存等过程中，违反食品安全标准，超限量或者超范围滥用添加剂、农药、兽药等，足以造成严重食物中毒事故或者其他严重食源性疾病的，适用前款的规定定罪处罚。

第六条　生产、销售有毒、有害食品，具有本解释第二条规定情形之一的，应当认定为刑法第一百四十四条规定的“对人体健康造成严重危害”。

第七条　生产、销售有毒、有害食品，具有下列情形之一的，应当认定为刑法第一百四十四条规定的“其他严重情节”：

（一）生产、销售金额二十万元以上不满五十万元的；

（二）生产、销售金额十万元以上不满二十万元，有毒、有害食品数量较大或者生产、销售持续时间六个月以上的；

（三）生产、销售金额十万元以上不满二十万元，属于特殊医学用途配方食品、专供婴幼儿的主辅食品的；

（四）生产、销售金额十万元以上不满二十万元，且在中小学校园、托幼机构、养老机构及周边面向未成年人、老年人销售的；

（五）生产、销售金额十万元以上不满二十万元，曾因危害食品安全犯罪受过刑事处罚或者二年内因危害食品安全违法行为受过行政处罚的；

（六）有毒、有害的非食品原料毒害性强或者含量高的；

（七）其他情节严重的情形。

第八条 生产、销售有毒、有害食品，生产、销售金额五十万元以上，或者具有本解释第四条第二项至第六项规定的情形之一的，应当认定为刑法第一百四十四条规定的“其他特别严重情节”。

第九条 下列物质应当认定为刑法第一百四十四条规定的“有毒、有害的非食品原料”：

（一）因危害人体健康，被法律、法规禁止在食品生产经营活动中添加、使用的物质；

（二）因危害人体健康，被国务院有关部门列入《食品中可能违法添加的非食用物质名单》《保健食品中可能非法添加的物质名单》和国务院有关部门公告的禁用农药、《食品动物中禁止使用的药品及其他化合物清单》等名单上的物质；

（三）其他有毒、有害的物质。

第十条 刑法第一百四十四条规定的“明知”，应当综合行为人的认知能力、食品质量、进货或者销售的渠道及价格等主、客观因素进行认定。

具有下列情形之一的，可以认定为刑法第一百四十四条规定的“明知”，但存在相反证据并经查证属实的除外：

（一）长期从事相关食品、食用农产品生产、种植、养殖、销售、运输、贮存行业，不依法履行保障食品安全义务的；

（二）没有合法有效的购货凭证，且不能提供或者拒不提供销售的相关食品来源的；

（三）以明显低于市场价格进货或者销售且无合理原因的；

（四）在有关部门发出禁令或者食品安全预警的情况下继续销售的；

（五）因实施危害食品安全行为受过行政处罚或者刑事处罚，又实施同种行为的；

（六）其他足以认定行为人明知的情形。

第十一条　在食品生产、销售、运输、贮存等过程中，掺入有毒、有害的非食品原料，或者使用有毒、有害的非食品原料生产食品的，依照刑法第一百四十四条的规定以生产、销售有毒、有害食品罪定罪处罚。

在食用农产品种植、养殖、销售、运输、贮存等过程中，使用禁用农药、食品动物中禁止使用的药品及其他化合物等有毒、有害的非食品原料，适用前款的规定定罪处罚。

在保健食品或者其他食品中非法添加国家禁用药物等有毒、有害的非食品原料的，适用第一款的规定定罪处罚。

第十二条　在食品生产、销售、运输、贮存等过程中，使用不符合食品安全标准的食品包装材料、容器、洗涤剂、消毒剂，或者用于食品生产经营的工具、设备等，造成食品被污染，符合刑法第一百四十三条、第一百四十四条规定的，以生产、销售不符合安全标准的食品罪或者生产、销售有毒、有害食品罪定罪处罚。

第十三条 生产、销售不符合食品安全标准的食品，有毒、有害食品，符合刑法第一百四十三条、第一百四十四条规定的，以生产、销售不符合安全标准的食品罪或者生产、销售有毒、有害食品罪定罪处罚。同时构成其他犯罪的，依照处罚较重的规定定罪处罚。

生产、销售不符合食品安全标准的食品，无证据证明足以造成严重食物中毒事故或者其他严重食源性疾病，不构成生产、销售不符合安全标准的食品罪，但构成生产、销售伪劣产品罪，妨害动植物防疫、检疫罪等其他犯罪的，依照该其他犯罪定罪处罚。

第十四条 明知他人生产、销售不符合食品安全标准的食品，有毒、有害食品，具有下列情形之一的，以生产、销售不符合安全标准的食品罪或者生产、销售有毒、有害食品罪的共犯论处：

（一）提供资金、贷款、账号、发票、证明、许可证件的；

（二）提供生产、经营场所或者运输、贮存、保管、邮寄、销售渠道等便利条件的；

（三）提供生产技术或者食品原料、食品添加剂、食品相关产品或者有毒、有害的非食品原料的；

（四）提供广告宣传的；

（五）提供其他帮助行为的。

第十五条 生产、销售不符合食品安全标准的食品添加剂，用于食品的包装材料、容器、洗涤剂、消毒剂，或者用于食品生产经营的工具、设备等，符合刑法第一百四十条规定的，以生产、销售伪劣产品罪定罪处罚。

生产、销售用超过保质期的食品原料、超过保质期的食品、回收食品作为原料的食品，或者以更改生产日期、保质期、改换包装等方式销售超过保质期的食品、回收食品，适用前款的规定定罪处罚。

实施前两款行为，同时构成生产、销售不符合安全标准的食品罪，生产、销售不符合安全标准的产品罪等其他犯罪的，依照处罚较重的规定定罪处罚。

第十六条　以提供给他人生产、销售食品为目的，违反国家规定，生产、销售国家禁止用于食品生产、销售的非食品原料，情节严重的，依照刑法第二百二十五条的规定以非法经营罪定罪处罚。

以提供给他人生产、销售食用农产品为目的，违反国家规定，生产、销售国家禁用农药、食品动物中禁止使用的药品及其他化合物等有毒、有害的非食品原料，或者生产、销售添加上述有毒、有害的非食品原料的农药、兽药、饲料、饲料添加剂、饲料原料，情节严重的，依照前款的规定定罪处罚。

第十七条　违反国家规定，私设生猪屠宰厂（场），从事生猪屠宰、销售等经营活动，情节严重的，依照刑法第二百二十五条的规定以非法经营罪定罪处罚。

在畜禽屠宰相关环节，对畜禽使用食品动物中禁止使用的药品及其他化合物等有毒、有害的非食品原料，依照刑法第一百四十四条的规定以生产、销售有毒、有害食品罪定罪处罚；对畜禽注水或者注入其他物质，足以造成严重食物中毒事故或者其他严重食源性疾病的，依照刑法第一百四十三条的规定以生产、销售不符合安全标准的食品罪定罪处罚；虽不足以造成严重食物中毒事故或者其他严重食源性疾病，但符合刑法第一百四十条规定的，以生产、销售伪劣产品罪定罪处罚。

第十八条　实施本解释规定的非法经营行为，非法经营数额在十万元以上，或者违法所得数额在五万元以上的，应当认定为刑法第二百二十五条规定的“情节严重”；非法经营数额在五十万元以上，或者违法所得数额在二十五万元以上的，应当认定为刑法第二百二十五条规定的“情节特别严重”。

实施本解释规定的非法经营行为，同时构成生产、销售伪劣产品罪，生产、销售不符合安全标准的食品罪，生产、销售有毒、有害食品罪，生产、销售伪劣农药、兽药罪等其他犯罪的，依照处罚较重的规定定罪处罚。

第十九条 违反国家规定，利用广告对保健食品或者其他食品作虚假宣传，符合刑法第二百二十二条规定的，以虚假广告罪定罪处罚；以非法占有为目的，利用销售保健食品或者其他食品诈骗财物，符合刑法第二百六十六条规定的，以诈骗罪定罪处罚。同时构成生产、销售伪劣产品罪等其他犯罪的，依照处罚较重的规定定罪处罚。

第二十条 负有食品安全监督管理职责的国家机关工作人员滥用职权或者玩忽职守，构成食品监管渎职罪，同时构成徇私舞弊不移交刑事案件罪、商检徇私舞弊罪、动植物检疫徇私舞弊罪、放纵制售伪劣商品犯罪行为罪等其他渎职犯罪的，依照处罚较重的规定定罪处罚。

负有食品安全监督管理职责的国家机关工作人员滥用职权或者玩忽职守，不构成食品监管渎职罪，但构成前款规定的其他渎职犯罪的，依照该其他犯罪定罪处罚。

负有食品安全监督管理职责的国家机关工作人员与他人共谋，利用其职务行为帮助他人实施危害食品安全犯罪行为，同时构成渎职犯罪和危害食品安全犯罪共犯的，依照处罚较重的规定定罪从重处罚。

第二十一条 犯生产、销售不符合安全标准的食品罪，生产、销售有毒、有害食品罪，一般应当依法判处生产、销售金额二倍以上的罚金。

共同犯罪的，对各共同犯罪人合计判处的罚金一般应当在生产、销售金额的二倍以上。

第二十二条　对实施本解释规定之犯罪的犯罪分子，应当依照刑法规定的条件，严格适用缓刑、免予刑事处罚。对于依法适用缓刑的，可以根据犯罪情况，同时宣告禁止令。

对于被不起诉或者免予刑事处罚的行为人，需要给予行政处罚、政务处分或者其他处分的，依法移送有关主管机关处理。

第二十三条　单位实施本解释规定的犯罪的，对单位判处罚金，并对直接负责的主管人员和其他直接责任人员，依照本解释规定的定罪量刑标准处罚。

第二十四条　“足以造成严重食物中毒事故或者其他严重食源性疾病”“有毒、有害的非食品原料”等专门性问题难以确定的，司法机关可以依据鉴定意见、检验报告、地市级以上相关行政主管部门组织出具的书面意见，结合其他证据作出认定。必要时，专门性问题由省级以上相关行政主管部门组织出具书面意见。

第二十五条　本解释所称“二年内”，以第一次违法行为受到行政处罚的生效之日与又实施相应行为之日的时间间隔计算确定。

第二十六条　本解释自2022年1月1日起施行。本解释公布实施后，《最高人民法院、最高人民检察院关于办理危害食品安全刑事案件适用法律若干问题的解释》（法释〔2013〕12号）同时废止；之前发布的司法解释与本解释不一致的，以本解释为准。

中华人民共和国农业部公告第176号

为加强饲料、兽药和人用药品管理，防止在饲料生产、经营、使用和动物饮用水中超范围、超剂量使用兽药和饲料添加剂，杜绝滥用违禁药品的行为，根据《饲料和饲料添加剂管理条例》、《兽药管理条例》、《药品管理法》的有关规定，现公布《禁止在饲料和动物饮用水中使用的药物品种目录》，并就有关事项公告如下：

一、凡生产、经营和使用的营养性饲料添加剂和一般饲料添加剂，均应属于《允许使用的饲料添加剂品种目录》（农业部公告第105号）中规定的品种及经审批公布的新饲料添加剂，生产饲料添加剂的企业需办理生产许可证和产品批准文号，新饲料添加剂需办理新饲料添加剂证书，经营企业必须按照《饲料和饲料添加剂管理条例》第十六条的规定从事经营活动，不得经营和使用未经批准生产的饲料添加剂。

二、凡生产含有药物饲料添加剂的饲料产品，必须严格执行《饲料药物添加剂使用规范》（农业部公告第168号，以下简称《规范》）的规定，不得添加《规范》附录二中的饲料药物添加剂。凡生产含有《规范》附录一中的饲料药物添加剂的饲料产品，必须执行《饲料标签》标准的规定。

三、凡在饲养过程中使用药物饲料添加剂，需按照《规范》规定执行，不得超范围、超剂量使用药物饲料添加剂。使用药物饲料添加剂必须遵守休药期、配伍禁忌等有关规定。

四、人用药品的生产、销售必须遵守《药品管理法》及相关法规的规定。未办理兽药、饲料添加剂审批手续的人用药品，不得直接用于饲料生产和饲养过程。

五、生产、销售《禁止在饲料和动物饮用水中使用的药物品种目录》所列品种的医药企业或个人，违反《药品管理法》第四十八条规定，向饲料企业和养殖企业（或个人）销售的，由药品监督管理部门按照《药品管理法》第七十四条的规定给予处罚；生产、销售《禁止在饲料和动物饮用水中使用的药物品种目录》所列品种的兽药企业或个人，向饲料企业销售的，由兽药行政管理部门按照《兽药管理条例》第四十二条的规定给予处罚；违反《饲料和饲料添加剂管理条例》第十七条、第十八条、第十九条规定，生产、经营、使用《禁止在饲料和动物饮用水中使用的药物品种目录》所列品种的饲料和饲料添加剂生产企业或个人，由饲料管理部门按照《饲料和饲料添加剂管理条例》第二十五条、第二十八条、第二十九的规定给予处罚。其他单位和个人生产、经营、使用《禁止在饲料和动物饮用水中使用的药物品种目录》所列品种，用于饲料生产和饲养过程中的，上述有关部门按照谁发现谁查处的原则，依据各自法律法规予以处罚；构成犯罪的，要移送司法机关，依法追究刑事责任。

六、各级饲料、兽药、食品和药品监督管理部门要密切配合，协同行动，加大对饲料生产、经营、使用和动物饮用水中非法使用违禁药物违法行为的打击力度。

七、各级饲料、兽药和药品监督管理部门要进一步加强新闻宣传和科普教育。要将查处饲料和饲养过程中非法使用违禁药物列为宣传工作重点，充分利用各种新闻媒体宣传饲料、兽药和人用药品的管理法规,追踪大案要案,普及饲料、饲养和安全使用兽药知识,努力提高社会各方面对兽药使用管理重要性的认识,为降低药物残留危害,保证动物性食品安全创造良好的外部环境。

中华人民共和国农业部
中华人民共和国卫生部
国家药品监督管理局
二○○二年二月九日

附件:

禁止在饲料和动物饮用水中使用的药物品种目录

一、肾上腺素受体激动剂

1. 盐酸克仑特罗(Clenbuterol Hydrochloride):中华人民共和国药典(以下简称药典)2000 年二部 P605。β2 - 肾上腺素受体激动药。

2. 沙丁胺醇(Salbutamol):药典 2000 年二部 P316。β2 - 肾上腺素受体激动药。

3. 硫酸沙丁胺醇(Salbutamol Sulfate):药典 2000 年二部 P870。β2 - 肾上腺素受体激动药。

4. 莱克多巴胺(Ractopamine):一种 β - 兴奋剂,美国食品和药物管理局(FDA)已批准,中国未批准。

5. 盐酸多巴胺(Dopamine Hydrochloride):药典 2000 年二部 P591。多巴胺受体激动药。

6. 西巴特罗(Cimaterol):美国氰胺公司开发的产品,一种 β - 兴奋剂,FDA 未批准。

7. 硫酸特布他林(Terbutaline Sulfate):药典 2000 年二部 P890。β2 - 肾上腺受体激动药。

二、性激素

8. 己烯雌酚(Diethylstibestrol):药典 2000 年二部 P42。雌激素类药。

9. 雌二醇(Estradiol):药典 2000 年二部 P1005。雌激素类药。

10. 戊酸雌二醇(Estradiol Valcrate):药典 2000 年二部 P124。雌激素类药。

11. 苯甲酸雌二醇(Estradiol Benzoate):药典 2000 年二部 P369。雌激素类药。中华人民共和国兽药典(以下简称兽药典)2000 年版一部 P109。雌激素类药。用于发情不明显动物的催情及胎衣滞留、死胎的排除。

12. 氯烯雌醚(Chlorotrianisene):药典 2000 年二部 P919。

13. 炔诺醇(Ethinylestradiol):药典 2000 年二部 P422。

14. 炔诺醚(Quinestrol):药典 2000 年二部 P424。

15. 醋酸氯地孕酮(Chlormadinone Acetate):药典 2000 年二部 P1037。

16. 左炔诺孕酮(Levonorgestrel):药典 2000 年二部 P107。

17. 炔诺酮(Norethisterone):药典 2000 年二部 P420。

18. 绒毛膜促性腺激素(绒促性素)(Chorionic Gonadotrophin):药典 2000 年二部 P534。促性腺激素药。兽药典 2000 年版一部 P146。激素类药。用于性功能障碍、习惯性流产及卵巢囊肿等。

19. 促卵泡生长激素(尿促性素主要含卵泡刺激 FSHT 和黄体生成素 LH)(Menotropins):药典 2000 年二部 P321。促性腺激素类药。

三、蛋白同化激素

20. 碘化酪蛋白(Iodinated Casein):蛋白同化激素类,为甲状腺素的前驱物质,具有类似甲状腺素的生理作用。

21. 苯丙酸诺龙及苯丙酸诺龙注射液(Nandrolone Phenylpropionate):药典2000年二部P365。

四、精神药品

22. (盐酸)氯丙嗪(Chlorpromazine Hydrochloride):药典2000年二部P676。抗精神病药。兽药典2000年版一部P177。镇静药。用于强化麻醉以及使动物安静等。

23. 盐酸异丙嗪(Promethazine Hydrochloride):药典2000年二部P602。抗组胺药。兽药典2000年版一部P164。抗组胺药。用于变态反应性疾病,如荨麻疹、血清病等。

24. 安定(地西泮)(Diazepam):药典2000年二部P214。抗焦虑药、抗惊厥药。兽药典2000年版一部P61。镇静药、抗惊厥药。

25. 苯巴比妥(Phenobarbital):药典2000年二部P362。镇静催眠药、抗惊厥药。兽药典2000年版一部P103。巴比妥类药。缓解脑炎、破伤风、士的宁中毒所致的惊厥。

26. 苯巴比妥钠(Phenobarbital Sodium):兽药典2000年版一部P105。巴比妥类药。缓解脑炎、破伤风、士的宁中毒所致的惊厥。

27. 巴比妥(Barbital):兽药典2000年版二部P27。中枢抑制和增强解热镇痛。

28. 异戊巴比妥(Amobarbital):药典2000年二部P252。催眠药、抗惊厥药。

29. 异戊巴比妥钠(Amobarbital Sodium):兽药典2000年版一部P82。巴比妥类药。用于小动物的镇静、抗惊厥和麻醉。

30. 利血平(Reserpine):药典 2000 年二部 P304。抗高血压药。

31. 艾司唑仑(Estazolam)。

32. 甲丙氨脂(Meprobamate)。

33. 咪达唑仑(Midazolam)。

34. 硝西泮(Nitrazepam)。

35. 奥沙西泮(Oxazepam)。

36. 匹莫林(Pemoline)。

37. 三唑仑(Triazolam)。

38. 唑吡旦(Zolpidem)。

39. 其他国家管制的精神药品。

五、各种抗生素滤渣

40. 抗生素滤渣:该类物质是抗生素类产品生产过程中产生的工业三废,因含有微量抗生素成分,在饲料和饲养过程中使用后对动物有一定的促生长作用。但对养殖业的危害很大,一是容易引起耐药性,二是由于未做安全性试验,存在各种安全隐患。

中华人民共和国农业部公告第1519号

为加强饲料及养殖环节质量安全监管,保障饲料及畜产品质量安全,根据《饲料和饲料添加剂管理条例》有关规定,禁止在饲料和动物饮水中使用苯乙醇胺A等物质(见附件)。各级畜牧饲料管理部门要加强日常监管和监督检测,严肃查处在饲料生产、经营、使用和动物饮水中违禁添加苯乙醇胺A等物质的违法行为。

特此公告。

附件:禁止在饲料和动物饮水中使用的物质

二〇一〇年十二月二十七日

附件:

禁止在饲料和动物饮水中使用的物质

1. 苯乙醇胺A(Phenylethanolamine A):β－肾上腺素受体激动剂。

2. 班布特罗(Bambuterol):β－肾上腺素受体激动剂。

3. 盐酸齐帕特罗(Zilpaterol Hydrochloride):β－肾上腺素受体激动剂。

4. 盐酸氯丙那林(Clorprenaline Hydrochloride):药典 2010 版二部 P783。β - 肾上腺素受体激动剂。

5. 马布特罗(Mabuterol):β - 肾上腺素受体激动剂。

6. 西布特罗(Cimbuterol):β - 肾上腺素受体激动剂。

7. 溴布特罗(Brombuterol):β - 肾上腺素受体激动剂。

8. 酒石酸阿福特罗(Arformoterol Tartrate):长效型 β - 肾上腺素受体激动剂。

9. 富马酸福莫特罗(Formoterol Fumatrate):长效型 β - 肾上腺素受体激动剂。

10. 盐酸可乐定(Clonidine Hydrochloride):药典 2010 版二部 P645。抗高血压药。

11. 盐酸赛庚啶(Cyproheptadine Hydrochloride):药典 2010 版二部 P803。抗组胺药。

中华人民共和国农业农村部公告第250号

为进一步规范养殖用药行为,保障动物源性食品安全,根据《兽药管理条例》有关规定,我部修订了食品动物中禁止使用的药品及其他化合物清单,现予以发布,自发布之日起施行。食品动物中禁止使用的药品及其他化合物以本清单为准,原农业部公告第193号、235号、560号等文件中的相关内容同时废止。

附件:食品动物中禁止使用的药品及其他化合物清单

农业农村部

2019年12月27日

附件

食品动物中禁止使用的药品及其他化合物清单

序号	药品及其他化合物名称
1	酒石酸锑钾(Antimony potassium tartrate)
2	β-兴奋剂(β-agonists)类及其盐、酯
3	汞制剂:氯化亚汞(甘汞)(Calomel)、醋酸汞(Mercurous acetate)、硝酸亚汞(Mercurous nitrate)、吡啶基醋酸汞(Pyridyl mercurous acetate)

续表

序号	药品及其他化合物名称
4	毒杀芬(氯化烯)(Camahechlor)
5	卡巴氧(Carbadox)及其盐、酯
6	呋喃丹(克百威)(Carbofuran)
7	氯霉素(Chloramphenicol)及其盐、酯
8	杀虫脒(克死螨)(Chlordimeform)
9	氨苯砜(Dapsone)
10	硝基呋喃类:呋喃西林(Furacilinum)、呋喃妥因(Furadantin)、呋喃它酮(Furaltadone)、呋喃唑酮(Furazolidone)、呋喃苯烯酸钠(Nifurstyrenate sodium)
11	林丹(Lindane)
12	孔雀石绿(Malachite green)
13	类固醇激素:醋酸美仑孕酮(Melengestrol Acetate)、甲基睾丸酮(Methyltestosterone)、群勃龙(去甲雄三烯醇酮)(Trenbolone)、玉米赤霉醇(Zeranal)
14	安眠酮(Methaqualone)
15	硝呋烯腙(Nitrovin)
16	五氯酚酸钠(Pentachlorophenol sodium)
17	硝基咪唑类:洛硝达唑(Ronidazole)、替硝唑(Tinidazole)
18	硝基酚钠(Sodium nitrophenolate)
19	己二烯雌酚(Dienoestrol)、己烯雌酚(Diethylstilbestrol)、己烷雌酚(Hexoestrol)及其盐、酯
20	锥虫砷胺(Tryparsamile)
21	万古霉素(Vancomycin)及其盐、酯